영유아음악교육의 이해

Introduction to Early Childhood Music Education

이해

| 김영연 저 |

학지사

　음악이 유아교육의 중요한 요소로 활용된 지 벌써 한 세기가 넘었습니다. 유치원에서 음악이 음악교육학적 측면에서 다루어져야 할 필요성이 있다는 주장을 하고 싶어, 필자는 1990년부터 여러 대학의 유아교육과에서 강의한 유아음악교육 강의록을 모아 1996년 『유아음악교육론』을 출간하였습니다. 그 후 수업방법의 기법을 보완하여 『유아음악교육론』 개정판을 2002년에 출간했는데, 벌써 그 이후 많은 시간이 흘렀습니다.

　그동안 유아음악을 사랑하시는 여러 교수님과 대학원생들, 그리고 현장에서 유아를 지도하시는 선생님들의 지대한 관심과 열의에 힘입어 유아음악교육 연구는 발전에 발전을 거듭해 왔습니다. 국가가 주도하는 영유아교육과정이 현재의 누리과정과 표준보육과정으로 이어지기까지 음악은 예능에서 정서로, 정서에서 예술로 연결되며 유아교육영역으로서의 맥락을 유지해 왔습니다. 또한 유아음악교육은 탐색, 이해, 표현, 감상이라는 큰 틀 안에서 유아의 일상생활 속에서의 예술가적 삶을 도모해 주는 학문 영역으로서 인식되었는데, 이러한 인식의 줄기는 앞으로도 변함없이 흘러가리라 예상합니다.

　지금 2020년, 필자는 다시 스스로에게 묻습니다. 왜 『영유아음악교육의 이해』를 집필하느냐고. 그리고 필자는 바로 대답합니다. 음악이 우리 삶에서 살아나야 한다고……. 그 누구보다도 영유아의 삶에서 살아 있어야 한다고.

창의력과 인성의 겸비, 4차 산업, 로봇 등의 여러 단어가 현 시대를 대변합니다. 저는 급격한 변화에 직면한 우리 사회에서 그 어느 때보다도 예술교육이 필요함을 직감합니다. 예술은 삭막해져 가는 현대사회에서 인간의 품위와 따뜻한 품성을 유지시켜 주기 때문이지요. 그리고 이러한 품성은 영유아기에 형성되어야 한다고 믿기 때문이지요. 초·중등학교에서 예술교과 특히 음악시간이 줄어 가는 오늘날, 인성발달의 초기에 있는 영유아기부터 음악이 그들의 일상에 큰 몫을 담당하게 하여 전인교육을 완성해 나가고 그들의 영혼을 살찌우는 데 이바지해야 할 것입니다.

그래서 다시 썼습니다. 유아에 대한 음악교육이 영유아기로 앞당겨지게 하고, 이들을 지도할 교사가 음악에 대하여 많이 알고 경험하게 하여 음악예술의 본질을 영유아들에게 잘 전해 주기 위해서입니다. 이를 위해 이십여 년 동안의 강의록을 모아서 오래전 유아음악교육 이론서를 만들었던 필자는 다시 지난 십 수 년간 작성했던 유아음악교육, 영유아음악교육 세미나, 영유아음악교수법의 강의노트를 기초로 이 책을 다시 꾸몄습니다.

이 책의 이야기는 크게 세 파트로 나뉩니다. I부는 영유아음악교육의 이론적 배경에 관한 내용으로 음악교육철학과 음악교육역사에서 시작합니다. 분야 학문의 역사(歷史)와 철학(哲學)에 대한 바른 이해는 적합한 교수학습 내용과 방법에 대한 지식과 탐구로 이어집니다. 교사는 국가수준 교육과정의 핵심도 잘 알아야 하지만 무엇보다도 영유아에 대한 깊은 이해가 있어야 그들에게 전수할 교육의 목적과 방향이 뚜렷해질 것입니다.

II부는 이론의 적용에 관한 내용, 즉 영유아음악지도법, 교수매체, 수업계획안 작성하기와 교사교육으로 구성되었습니다.

III부에서는 이상의 내용이 총체적으로 다루어져야 한다는 생각이 들어 영유아교사양성과정과 재교육과정에서 온라인·오프라인, 집합학습 또는 자기주도적 개인학습 등 어떠한 교육여건에서도 학습이 가능하도록 한 학기 분량 15차시의 세부 영유아음악교육 학습의 실제를 위한 강의안을 제공하였습니다. 아마도 III부의 내용은 이 책 전체의 축약서라고도 할 수 있으며 예비교사는 물론 스스로 공부하고자 하는 재교육자와 교사양성과정에서 영유아음악교육을 강의하시는 분들에게 실질적인 도움을 드리고자 노력하였습니다.

　필자는 이 책의 내용이 영유아교육 관련학과 학부생과 대학원생들 그리고 현직 교사들에게 전달할 만하다고 생각하지만, 한편으로는 아직도 미흡한 점이 많이 있기에 여러분의 질책을 기대합니다. 끝으로 이 책이 출간되기까지 말할 수 없을 정도로 오랜 기간 기다려 주신 학지사 관계자 여러분과 편집부 선생님들께 깊은 감사의 마음을 전합니다.

2020. 새 학년도를 맞이하며
저자 김영연

차
례

영유아음악교육의 이론적 배경

영유아음악교육 이론의 적용

III부

영유아음악교육 학습의 실제

I부

영유아음악교육의
이론적 배경

영유아음악교육의 개념

제1장에서는 영유아교사가 알아 두어야 할 음악교육의 철학을 간략히 살펴보고 영유아음악교육철학의 실천을
위한 구체적인 노력을 소개하였다. 음악교육의 선진국인 미국의 음악교육역사(歷史)를 살펴봄으로써 우리나라
영유아음악교육에 적용할 바를 알아보고 아울러 영유아교사가 반드시 알아야 할 영유아음악교육학의 교육영
역과 영유아교육현장에서 음악교육을 원활하게 수행하기에 필수적인 사항을 안내하였다.

음악교육은 음악과 교육의 만남을 뜻한다. 음악이 소리에 여러 가지 변화를 주면서 시간의 흐름에 맞추어 만들어 가는 예술세계라고 한다면, 음악교육학은 이렇게 만들어지지만 보이지는 않는 예술의 세계를 어떻게 하면 많은 사람이 듣고 느끼고 체험하며 좋아하게 할 수 있을까를 고민하는 학문이다. 그리하여 음악교육자들은 어떤 음악을 어떻게, 얼마나, 언제, 어디에서 전달할 수 있을지에 관하여 끊임없이 궁금해해 왔다.

특별히 가정과 어린이집에서 영유아를 대상으로 한 음악은 다양한 방법과 형태로 전달되어 영유아에게 흥미로워야 함을 최우선의 요건으로 삼는다. 그런데 영유아교육현장에서 음악을 경험하는 행위 자체는 곧 음악교육의 내용이자 방법이라고 할 수 있으므로 영유아에게 음악은 즐거움의 대상으로 제공되어야 한다. 음악에 맞추어 자기의 생각과 느낌을 표현하고, 음악을 듣고 영유아가 음악적 반응을 할 수 있도록 도와주어야 하므로, 교사는 상황에 따라 필요한 곡을 적절하게 선택하고 이를 준비된 환경에서 적합한 방법으로 영유아에게 들려주며 반응을 유도해야 한다. 따라서 교사는 즐겁고 경쾌한 음악, 슬픈 음악, 이상한 음악, 이야기가 있는 음악, 우리나라의 음악, 아시아의 음악, 세계 여러 나라의 음악, 춤음악, 축제음악 등 다양한 자기만의 레퍼토리로 상황에 알맞은 선곡을 할 수 있어야 할 것이다. 또한 음악수업을 원활히 하기 위하여 노래 부르기, 악기 다루기에 능숙해야 하고 소리와 음악에 예민한 귀를 가짐으로써 교실 내외에 풍부한 음악적 환경을 만들어야 한다. 이러한 목적을 지켜 나가기 위해 영유아교사는 음악교육에 대한 확고한 신념, 즉 음악교육철학을 필요로 한다. 그러자면 음악교육철학이란 무엇인지에 대하여 알아볼 필요가 있으므로 여러 학자를 소개하면서 이야기를 펼쳐 나가기로 하자.

1. 음악교육철학이란 무엇인가

미국의 음악이론가이며 비평가인 레너드 마이어(Leonard Meyer)와 미술비평가인 수전 랭어(Susan Langer)는 예술교육철학의 필요성을 다음과 같이 강조하였다.

두 학자 모두가 예술을 경험하고 생산해 내는 과정은 자기만의 독특한 세계를 탐색할 수 있다고 하였는데 음악과 연결하면 음악을 연주하고 감상하며 접하는 활동 그 자체가 곧 자아 형성의 지름길이라는 것이다. 특별히 마이어는 예술 경험의 과정에서 과정과 결과, 이 둘 중 무엇을 우선적으로 중요하게 생각하느냐에 따라서 교사의 교육적 대처방안과 입장이 달라진다고 하였다. 즉, '창조의 과정이 중요한가? 아니면 창조의 결과물이 중요한가?'라는 질문이다. 여러분은 어떻게 생각하는가? 마이어는 이상의 질문에 대하여 절대주의(absolutism)와 지시주의(혹은 관련주의, referentialism)라는 예술철학적 관점으로 답을 주고자 하였다.

절대주의 예술철학은 음악작품 그 자체가 중요하다고 본다. 반면, 지시주의 예술철학은 음악 외적인 것을 우선적으로 중요하게 여긴다. 예를 들어, 유치원과 어린이집에서 등원 시간에 건물 전체와 교실에 들려주는 음악 또는 등하원 시 차 안에서 들려주는 음악, 때로는 교실 안에서 장난감을 정리하며 듣는 음악은 지시주의적 관점에서의 음악활용의 대표적인 예이다. 그러나 이때 들은 음악을 영유아가 교사와 함께 팔을 움직이며 음흐름(contour)에 대하여 표현해 보거나 이야기 나누고 그러한 움직임을 그림으로 그려 보며, 스카프를 사용하여 음흐름을 표현해 보는 것은 절대주의적 활용으로의 전환이다.

세계적인 음악교육철학자로서 미국 노스웨스턴(Northwestern) 대학교의 교수이자 명예교수를 지냈던 베넷 리머(Bennett Reimer) 박사는 세계를 대표하는 유명한 음악교육철학자이다. 그는 미국 내 학교음악 음악교육과정의 입안자이며 우리나라에도 잘 알려진 헤드스타트 프로그램의 일환인 포괄적 음악교육과정 프로젝트 Manhattanville Music Curriculum Project(MMCP, 1965~1970)의 창안자로서 빈민층 영유아와 초 · 중등 학생을 위한 음악프로그램의 핵심 연구자이자 실행자이다. 베넷 리머는 절대주의 예술철학을 옹호하므로 음악교육은 연령과 사회경제적 지위고하와 무관하게 모든 이를 대상으로 펼쳐져야 함을 주장하였다. 따라서 그 어떤 것에 앞서 예술작품을 중요시하는 리머는 작품을 연주하거나 감상하는 등의 예술 경험의 과정을 강조한다. 이렇게 음악작품이 학습자에게 예술체험으로 전달되기까지의 과정을 중요하게 여기는 절대주의에 입각한 베넷 리머의 음악교육철학은 미국의 국가수준 음악교육과정을 통하여 학교 음악교육체제 안에서 현실적으로 구체화되었고 최근까지도 세계 여러 나라의 음악교육과정에 반영됨으로써 음악교육의 대중화를 이끌었다.

한편, 리머의 제자이며 캐나다 토론토 대학교를 거쳐 현재 뉴욕 대학교(NYU) 음악과 교수인 데이비드 엘리엇(David Elliott) 박사는 그의 스승인 리머와는 비슷하면서 다른 절대주의 예술철학의 입장을 취한다. 구체적으로는 두 학자 모두 교육에서 음악작품을 중요하게 다루자는 점에는 이견이 없으나, 리머 박사와는 달리 엘리엇 박사는 모든 영유아를 대상으로 하는 대중음악교육이 교육예산의 낭비라는 입장에 선다. 엘리엇은 모든 이를 교육 대상으로 삼는 대신 음악적성과 소질이 특별히 뛰어난 영유아를 선별하여 연주능력이 뛰어난 훌륭한 음악가로 지속 성장시키는 것이 바람직하다는 의견이다. 즉, 영유아가 음악을 감상만 하는 것보다는 실제로 연주하고 체험해 보는 과정을 중요하게 생각한다. 따라서 엘리엇은 개인별, 혹은 그룹별(앙상블)로 끊임없는 연습을 통하여 자신의 음악을 연습하고 즉흥연주와 변주로 창의적으로 만들어 나가는 음악하기(musicing)를 음악교육의 목표로 삼는다. 즉, 실기 중심, 변화에 의한 즉흥연주를 통한 창작 중심의 적극적인 음악적 자세를 교육과정에서 강조할 것을 주장한다.

이에 엘리엇은 지금까지 많은 음악교육자가 음악 창작이라는 의미로 사용해 온 음악 만들기(music making)라는 용어 대신 영유아 개인의 음악적 재능을 맘껏 발휘할 수 있는 활동이라는 의미로서 '음악하기(musicing)'라는 용어를 선호한다. 한마디로 엘리엇은 음악적 행위가 없는 음악시간은 의미가 없다는 주장이다. 따라서 영유아와의 음악활동도 연주를 중심으로 보다 적극적으로 전개될 필요성을 제기할 수 있으며 연주하고 음악을 만들어 내는 음악하기의 중요성을 재고할 필요가 있다. 정리하면 엘리엇의 음악교육철학은 영유아음악교육에 있어서 노래 부르기, 독주나 합주하기, 창작하기, 변주하기, 즉흥연주하기, 감상하기 등의 음악적 표현하기가 통합적으로 표현되는 다양한 형태의 음악활동을 영유아의 일상생활에서 지속적으로 실천하는 것이다.

2. 음악교육학의 역사는 어떠한가

앞에서 설명했듯이 음악교육학의 목적은 음악을 어떻게 하면 잘 연주하고 감상하고 다양한 방법으로 자기의 느낌을 표현함으로써 사람들이 음악을 좋아하게 하고 예술적 감동을 느껴 보는 체험을 통하여 자아 형성에 도움을 줄 수 있는가에 대하여 연구하는 것이다. 그러기 위해 영유아음악교육의 시작은 영유아의 음악성 발달에 대한 관심에서 출발된다고 할 수 있다. 더 나아가 영유아에게 적합한 음악교재는 어떤 내용으로 구성되어야 하는지, 어떤 방법으로 접근해야 하는지 등은 영유아음악교육을 연구하는 학자들의 일차적 관심 주제이다. 이러한 학문적 관심에 대한 역사를 살펴보는 일은 해당 학문 분야 이해에 많은 도움이 된다.

음악교육의 역사를 거슬러 올라가면 옛부터 어느 지역을 망라하고 사람들은 함께 모여 노래하고 악기를 연주하며 춤추기를 즐겼다. 이와 같은 가무악(歌舞樂)의 존재는 인류의 역사와 더불어 흐름을 같이하고 있지만, 어떻게 하면 노래하고 연주하는 놀이가 인성 계발과 능력 개발에 더 효과적일 수 있을까에 대한 인류의 고민은 그다지 오래되지 않았다. 여러분이 짐작하듯이 음악교육의 시작은 고대 그리스의 교양시민교육으로 거슬러 올라간다고 하더라도 인류 발전의 기나긴 역사를 감안할 때, 음악교육의 역사는 오히려 짧다.

음악이 미국에서 학교교육의 정규 교과목으로 인정받은 것은 불과 180년 전이고 영유아를 위한 유치원의 음악활동이 교육으로 자리 잡은 것은 110여 년밖에 안 된다. 우리나라 유치원교육은 약 110여 년 전 시작되었고 어린이집의 활성화는 1980년대 이후이니 발전의 역사가 40여 년 전후라고 할 수 있겠다. 다행스럽게도 우리나라는 유치원 교육 초기부터 음악이 비중 있게 다루어졌으므로 미국과 견주어 보아도 유치원 교사의 음악에 대한 지도 연한은 그다지 뒤지지 않는다. 그러나 영유아를 대상으로 하는 음악교육이라 하면 주로 노래지도와 동작지도 등의 표현활동에 치우쳤었고 음악 중심의 다양한 활동을 펼치기보다 다른 활동으로의 전이과정으로 음악이 활용된 점은 부인할 수 없다. 이런 현상은 최근까지도 지속되고 있다.

그 원인으로 음악을 영유아교육과 관련된 독립된 학문 영역으로 인식하지 못했다는 점을 들 수 있다. 이에 대한 자각과 유아교육학계의 반성이 1990년대 중반경 시작되었고, 이후 음악이 영유아교육과 관련된 독립된 학문 영역으로 인식되어 음악교육 연구가 활발해지기 시작한 것은 매우 고무적인 사실이다. 그 결과 국내외 연구를 통하여 영유아음악교육 연구가들은 영유아의 음악성이 발달적으로 어떤 특징을 지니며, 적합한 음악교수법은 무엇인지, 적절한 음악교재는 어떤 내용으로 어떻게 구성되어야 하는지 등 여러 측면에서의 의문점들을 영유아음악연구 주제로 다루어 왔으므로 이 장에서는 음악교육학 발전이 앞서 간 미국과 우리나라의 음악교육 역사를 비교하면서 우리나라 영유아음악교육의 발전 방향을 예측하고자 한다.

1) 미국 음악교육의 역사

미국은 세계 어느 나라에 비해서도 음악교육학이 세계적으로 발달된 나라로 영유아의 음악적 능력의 발견과 발달과정에 대하여 많은 연구결과를 내놓고 있다. 미국 음악교육 역사의 시발점은 14세기 말 신대륙 발견으로 거슬러 올라간다. 신천지에 새로운 삶의 터를 차지한 청교도들은 우선 그들의 예배장소를 정하여 찬양하고 기도함을 시작으로 하여 하나님을 향한 그들의 신앙고백과 함께 새로운 터전에서의 삶을 시작하였는데 그들의 이러한 일상생활은 음악교육 발달의 직접적인 계기가 되었다. 찬양은 새로운 곳에서의 삶을 이끌어 가는 예배의 중요한 부분이었기 때문에 교회 성가대의 역할은 지극히 중요하였으며, 성가대의 발전을 위한 음악교육의 중요성은 현실적으로 부각되었고 이에 대한 해결방안으로서 유아(K Grade)를 포함한 각급별 학교에서는 음악교과 수업을 실시하기에 이른다.

이러한 역사적 배경으로 미국에서는 음악교육의 필요성이 발생되었고 학교음악의 시작은 음악교육에 대한 과학적 연구결과에 기초하여 지속되면서 미국에서의 음악교육학 발전은 노스웨스턴 대학교와 아이오와 대학교를 중심으로 급성장하면서 세계의 음악교육학 발전을 주도하였다. 그러한 미국 음악교육의 학문적 연구발전은 추후 우리나라의 음악교육에도 교육과정, 교수법 등 여러 측면에서 지대한 영향을 미쳤다. 미국 교육의 영향을 많이 받은 우리나라는 미국의 음악교육 역사를 한층 더 자세히 살펴볼 필요가 있는데, 특히 20세기 중엽 이후 그 목적과 내용 및 방법에 있어 변화와 발전을 거듭할 수 있게 해 준 일련의 사건들을 기억해 봄으로써 우리의 현실을 되짚어 보도록 하자.

1959년 젊은 작곡가를 학교에 상주시켜 그들의 창작곡들을 학교의 교육내용으로 선정하여 활용하는 '젊은 작곡가 프로젝트(The Young Composer Project)'는 젊은 작곡가들의 일자리를 창출하는 데 큰 역할을 하였다. 또한 고전곡뿐 아니라 젊은 작곡가의 열정이 담긴 현대곡도 학교수업의 교재로 선정하자는 운동이 1962년의 '현대음악프로젝트(Contemporary Music Project: CMP)'와 1963년의 '예일 세미나(The Yale Seminar)', 그리고 1975년부터 시작된 '맨해튼빌 음악교육과정 프로젝트(The Manhattanville Music Curriculum Project: MMCP)'로 이어지면서 미국의 음악교육을 실천 위주의 학문으로 발전시키는 데 대단히 많은 기여를 하였다. 특히 MMCP는 유아음악교육의 중요성을 부각시키는 계기가 되었고 1967년의 '탱글우드 심포지엄(The Tanglewood Symposium)'에서는 평생교육으로서의 영유아음악교육의 필요성을 강조했다는 점에서 기억해야 할 역사적인 사건이다. 이는 우리나라 정부에서 최근 들어 강조하는 전 생애적 문화예술교육의 강조와 일맥상통한다. 특히 '탱글우드 심포지엄'은 음악역사와 음악문헌, 예술교육과정을 포함한 유아음악교육 전문가 교사교육프로그램 개발의 필요성을 주장하기도 하였다.

또한 전미음악교육자 협회(Music Educators National Conference: MENC, 현재는 National Association for Music Education: NAfME로 명칭이 바뀌었다)는 1969년 '고우 프로젝트(Goals and Objective Project: GO Project)'를 제정하여 '포괄적 음악성' '청소년을 위한 음악' '도심지역의 음악교육' '음악교육연구' '영유아를 위한 음악' 등의 다양한 주제를 주창함으로써 음악교육에 대한 폭넓고 구체적인 방안에 대한 논의를 하였다(Choksy et al., 2001; Mark, 1986). 여기에서 설정된 음악교육 목적(goal)과 목표(objective)는 추후 1994년에 MENC에 의해 2000년을 향한 국가 기준으로서의 음악교육(The National Standards for Music Education based on GOALS 2000) 내용 설정에 이정표를 제시하였다. 이어서 NAfME는 최근의 예술핵심기준(National Core Arts Standards)을 발표하여 통합예술로서의 음악교육을 구체적으로 강조하였다(Hayes, 2013).

2) 우리나라 음악교육의 역사

우리나라의 교육관련법의 시작은 슬픈 역사를 배경으로 한다. 1911년 8월 23일 제1차 일본식민지교육법령이 발포됨으로써 일제강점기의 참담한 역사인 민족문화 말살 정책이 시작되었다(송방송, 2012). 그리고 우리나라에서 최초로 유치원에 관한 규정을 만든 법령은 1922년 2월 4일 공포된 제2차 조선교육령으로, 유치원 규정은 같은 해 2월 16일에 공포된 소학교령에 포함되었다. 이 법령은 해방 후 우리나라의 교육법이 제정되기 전까지 유치원의 유일한 법적 근거로서 여기에는 유희(dance), 창가(singing), 담화(conversation), 수기(craft)가 일본의 유치원 보육 및 설비규정에서와 마찬가지로 제시되었다. 해방 이후 대한민국 정부에서는 대한민국 교육의 근간이 되는 교육법을 법률 제86호로 1949년에 공포하였는데 이 중 146, 147, 148조가 유치원에 해당되며 전국의 유치원은 이에 준하여 잠정적으로 교육목적을 설정하고 교육과정을 운영하였다(이기숙, 2000).

그러나 해방 후 우리나라 교육과정은 미국의 것을 답습하는 경향이 매우 강하였고 유치원 교육과 관련된 정부수준의 행정지도 체제도 미비했기 때문에 유치원에서 유아들이 춤추고 노래하는 모습을 흔히 볼 수 있었지만 음악을 통한 보편적 접근에 의한 전인교육이나 영유아의 음악적 잠재능력을 계발하고 발전시키는 심미적 음악교육과는 거리가 멀었다. 그러다가 1969년을 기점으로 비로소 제1차 유치원교육과정이 공포되었고 그 이후 수차례에 걸친 개정의 과정을 거치면서, 우리나라 영유아음악교육은 현재 유치원과 어린이집이라는 이원화된 구조적 현실 앞에서 유보통합을 향한 교육목표와 지도 방법을 다양하게 변화시키면서 오늘에 이르렀다. 그 결과 음악은 이제 더 이상 영유아와의 교육활동에서 전이의 소재가 아니라 아름다움에 대한 느낌을 경험하고 표현하는 목적을 추구하며 유아 중심, 놀이 중심 교육과정에 기초한 예술적 경험으로서의 음악교육이라는 점을 유치원과 어린이집에서 공히 강조하기에 이르렀다.

3) 우리나라 교육과정에 따른 영유아음악교육의 역사

미국의 음악교육이 50개 주마다 서로 다른 내용과 방식으로 운영되는 것과는 대조적으로 우리나라의 음악교육은 해방 이후 지금까지 오로지 하나의 교육과정에 의하여 진행되어 왔다. 우리나라 초·중등교육과정은 1955년에 처음으로 공포되었는데 이때 제시된 교육과정에는 교과 내용을 몇 가지 영역으로 제시했을 뿐 각 영역에 해당하는 구체적인 활동 내용은 포함되지 않았다. 특히 유치원의 음악은 20세기 초 우리나라 영유아교육의 시작과 더불어 매우 비중 있게 다루어지는 교육내용이었지만 유아가 춤추고 노래하는 활동에서 더 나아가 유아의 음악성 계발을 위한 다양한 관점에서의 음악교육으로 발전하지는 않았다.

    그러나 36년간이라는 긴 세월의 일제강점기 동안 초·중등학교의 음악시간이 일본의 영향으로 인하여 사장 위기에 있는 동안, 다행스럽게도 유치원에서는 음악시간이 남아 있었다. 그 당시 유치원은 음악교육의 보루라고 일컬어지기도 했으며, 유치원의 음악시간은 노래 부르기와 동작표현이 주를 이루었다. 이러한 경향은 아직도 이어지는 것으로 유치원의 음악활동에서 악기 다루기나 음악 만들기와 음악하기는 전혀 없었고, 악기연주는 간혹 유치원 연례행사를 위한 부분 활동 정도였다. 따라서 유아에게 음악은 교사의 자질이나 개인적 취향에 따라서 결정되기 십상이었고 음악은 교육적 목적에 앞서 수단으로서의 성격이 강했다. 음악적 개념을 중심으로 하는 활동이나 예술교육으로서의 음악교육은 아직 시도되지 못한 상태였지만 시간이 지나면서 점차 심미적 경험에 바탕을 둔 영유아음악교육의 중요성이 독립적으로 강조되기 시작하였고, 더욱이 최근에는 워킹맘의 숫자가 늘어나면서 영아의 보육과 교육에 대한 시대적 요구가 팽배함과 더불어 영유아교사양성기관과 기관에서도 미적(美的) 체험에 목적을 둔 음악교육이 요구되는 상황에 이르렀다. 따라서 앞으로 이 분야에 대한 많은 양의 보다 질 높은 연구가 요구된다. 〈표 1-1〉은 1969년 공포된 우리나라 1차 유치원교육과정부터 현재의 2019 개정 누리과정까지 국가수준의 유아교육과정 변천에 대한 것으로 음악이 속한 영역과 음악에서 다루는 내용에 대한 것이다.

표 1-1 유치원 교육과정의 변천과 내용

차수와 연도 및 기준	구분					특기사항
제1차 유치원교육과정 1969년 생활중심	건강	사회	자연	언어	예능	
제2차 유치원교육과정 1979년 발달중심	사회·정서	인지	언어	신체 및 건강		
제3차 유치원교육과정 1981년 발달중심	신체	정서	언어	인지	사회	
제4차 유치원교육과정 1987년 발달중심	신체	정서	언어	인지	사회성	전통 강조
제5차 유치원교육과정 1995년 생활중심	건강	사회	표현	언어	탐구	

제6차 유치원교육과정 1998년 생활중심	건강	사회	표현	언어	탐구	
2007년 개정 유치원 교육과정 생활중심	건강	사회	표현	언어	탐구	교육과정 명칭체계 변경
2012년 만 5세 누리과정	신체운동· 건강	의사소통	사회관계	예술경험	자연탐구	5세 대상
2013년 3~5세 연령별 누리과정	신체운동· 건강	의사소통	사회관계	예술경험	자연탐구	3~5세 대상
2019 개정 누리과정 생활영역	신체운동· 건강	의사소통	사회관계	예술경험	자연탐구	
2019 개정 누리과정 예술경험영역의 교육목표	자연과 생활 및 예술에서 아름다움을 느낀다.					
	예술을 통해 창의적으로 표현하는 과정을 즐긴다.					
	다양한 예술표현을 존중한다.					
2019 개정 누리과정 예술경험영역의 내용						
내용범주	**내용**					
아름다움 찾아보기	자연과 생활에서 아름다움을 느끼고 즐긴다. 예술적 요소에 관심을 갖고 찾아본다.					
창의적으로 표현하기	노래를 즐겨 부른다. 신체, 사물, 악기로 간단한 소리와 리듬을 만들어 본다. 신체나 도구를 활용하여 움직임과 춤으로 자유롭게 표현한다. 다양한 미술 재료와 도구로 자신의 생각과 느낌을 표현한다. 극놀이로 경험이나 이야기를 표현한다.					
예술 감상하기	다양한 예술을 감상하며 상상하기를 즐긴다. 서로 다른 예술 표현을 존중한다. 우리나라 전통 예술에 관심을 갖고 친숙해진다.					

(1) 유치원

사회 전반적으로 자주성, 생산성, 유용성과 합리성, 그리고 지역성이 강조되는 사회풍토에서 우리나라의 교육과정은 경험중심 혹은 생활중심 교육과정이었다. 일상생활과 직접 관련되는 교육내용이면서 궁극적으로는 인격 도야에 목적을 둔 우리나라 제1차 유치원 교육과정이 제2차 초등교육과정과 더불어 1969년 공포되었다.

유치원 교육과정에서는 건강, 사회, 자연, 언어, 예능의 5개 생활영역 안에 예능생활을 배정하여 영유아의 심미적 태도와 창조적 표현 능력의 계발을 교육목표로 삼았는데 특히 더불어 사는 사회를 강조하여 유아의 표현능력 함양, 습관 및 태도 형성을 중시하였다. 1969년 제1차 유치원교육과정에서 음악은 예능영역에 속했지만 1979년 제2차 유치원교육과정부터 1987년 제4차 유치원교육과정까지 음악은 전인교육 발달에 초점을 두고 사회-정서발달영역 또는 사회정서영역에 포함되었다.

1995년에 공포된 제5차 유치원교육과정은 이전과 달리 처음으로 유아교육 전문연구진이 교육과정 개발에 합류하여 유아를 대상으로 하는 음악교육은 표현생활의 일부로 배정되었다는 특징이 있다. 당시 자유롭고 창의적인 표현활동의 필요성에 대한 강조는 1998년의 제6차 유치원교육과정을 거쳐 최근 2019 개정 누리과정에 이르기까지 지속되고 있다. 교육내용의 선정도 보다 구체화되어 음악을 소리와 음악, 악기에 대한 탐색으로 나누었고 음악을 감상하고 음을 매개로 혹은 음악에 대하여 유아의 생각이나 느낌을 신체, 사물, 악기 등을 이용하여 자발적으로 표현해 보도록 함으로써 예술적으로 재창조함을 목표로 하는 영유아의 예술경험 생활을 강조하였다.

그러나 유아교육의 특성상 음악은 별도의 독립교과가 아니라 문학, 사회, 과학, 수학 및 조형, 동작, 극 활동 등 여러 교과영역과 통합되어 연계적으로 진행돼야 하므로 그 과정에서 활동의 시발점은 생활주제이어야 함을 고려해야 한다. 기본적으로 소리와 음악을 탐색, 표현, 감상하는 활동은 음악을 중심으로 통합적으로 잘 계획되어야 한다. 따라서 이를 도와주는 다양한 프로그램이 개발되어야 하고, 그들의 음악적 능력 발달에 대한 이해와 발달을 증진시키기 위해 영유아의 음악 지각능력, 인지능력, 표현능력에 대하여 구체적으로 알아볼 필요가 있다. 또한 연구의 결과를 영유아의 음악성 발달에 접목하여 질 높은 영유아음악교육을 선도해야 할 것이다.

(2) 어린이집

과거 영아 중심으로 출발했던 어린이집의 설립배경과 보육의 내용을 살펴보면, 1949년에 「대한민국 교육법」이 공포되었고 1961년 「영유아복리법」이 제정되면서 정부의 법정시설로서 보육서비스가 시작되었다. 1968년 3월 미인가 탁아시설 임시 조치요령을 공포하면서 민간 탁아시설이 증설되었는데 특히 1980년대 이후 우리나라에서는 공인된 탁아시설이 없어지고 유치원과 새마을 유아원이 유아교육기관으로 자리 잡은 이후 1990년 12월 정기국회에서 「영유아보육법」이 통과되면서 체계적이고 본격적인 영유아 보육사업이 시작되었다(이순형 외, 2005). 보육과 교육의 양면을 강조하는 보육정책은 2004년 보건복지부에서 여성부로 이관되면서 2004년 개정된 「영유아보육법」에 의거하여 2005년 1월 이후 활발히 펼쳐졌는데 최근에는 다시 보건복지부로 이양된 상태에서 유보통합의 진행 중에 다양한 모양의 진통을 겪는 중이다. 0~2세 대상의 현행 표준교육과정은 기본생활영역, 의사소통영역, 사회관계영역, 자연탐구영역과 신체운동영역 및 예술경험영역의 6개 영역으로 구성되어 있다. 예술경험영역에 속하는 영유아음악은 소리탐색, 노래나 악기를 통한 음악하기, 음악 만들기, 감상하기, 음악에 관하여 표현해 보기 등 음악적 제반 활동을 통하여 영아의 개인적 느낌을 경험하는 예술교육을 강조하고 있음은 유치원과 동일하다.

2012년 이전까지 유치원에서는 유치원교육과정으로 그리고 어린이집에서는 표준보육과정을 준수하였지만 2012년 3~5세 연령별 누리과정이 고시된 이후 2013년 3월부터 연령별 누리과정이 시행되면서 3~5세 유아를 위한 국가수준의 공통과정이 누리과정으로 마련된 것은 잘 알려진 사실이다. 누리과정의 구성방향은 기본생활습관 형성과 질서, 배려, 협력 등의 바른 인성교육의 수행 그리고 사람과 자연을 존중하고 우리 문화를 이해하도록 도모하면서 이 모든 것을 초등학교교육과정과의 연계에 중점을 두고 전인발달에 기초한 창의적인 인재 양성이다. 누리과정은 연령에 맞는 기본능력과 바른 인성을 기르고, 민주시민의 기초를 형성에 기초를 두는데, 그 구성은 기본운동능력과 건강하고 안전한 생활습관을 기르는 신체운동·건강영역, 일상생활에 필요한 의사소통능력과 바른 언어사용 습관을 기르는 의사소통영역, 자신을 존중하고 다른 사람과 더불어 생활하는 태도를 기르는 사회관계영역, 아름다움에 관심을 가지고 예술경험을 즐기며 창의적으로 표현하는 능력을 기르는 예술경험영역, 호기심을 가지고 주변 세계를 탐색하며, 일상생활에서 수학적, 과학적 문제해결능력을 기르는 자연탐구영역의 다섯 개 생활영역이다. 그중 특히 유아를 위한 음악 및 음률활동은 예술경험영역에 속하는 것으로 관련 목표와 내용은 다음과 같이 설명된다.

특별히 2019에 개정된 누리과정의 구성방향은 추구하는 인간상, 목적과 목표, 구성의 중점으로 구분된다. 누리과정이 추구하는 인간상은 건강한 사람, 자주적인 사람, 창의적인 사람, 감성이 풍부한 사람, 더불어 사는 사람이고, 누리과정의 목적은 유아가 놀이를 통해 심신의 건강과 조화로운 발달을 이루고 바른 인성과 민주 시민의 기초를 형성하는 데 있다. 이를 실현하기 위한 목표는 '자신의 소중함을 알고, 건강하고 안전한 생활습관을 기른다, 자신의 일을 스스로 해결하는 기초능력을 기른다, 호기심과 탐구심을 가지고 상상력과 창의력을 기른다, 일상에서 아름다움을 느끼고 문화적 감수성을 기른다, 사람과 자연을 존중하고 배려하며 소통하는 태도를 기른다'인데 예술경험영역의 교육목표와 교육내용을 구체적으로 살펴보면 다음과 같다.

① 예술경험의 교육목표는 아름다움과 예술에 관심을 가지고 창의적 표현을 즐기는 능력을 기르는 것이다. 이에 유아교사는 음악의 기본 개념과 요소를 이해하고 음악을 일상생활 속에서 좋아하고 즐기며 영유아들과 음악을 통한 예술 세계를 경험하도록 도모함으로써 영유아에게 즐겁고 행복한 미적 체험의 시간을 제공해야 한다. 이에 대한 준비과정으로 예비유아교사는, 첫째, 음악의 주요개념과 내용을 이해하고, 둘째, 최적의 미적 체험을 위하여 음악활동을 통합적으로 전개할 수 있는 기술을 습득해야 하며, 셋째, 창의적이고 지속적인 미 체험 활동을 제공하기 위하여 교사에게 필요한 사항을 숙지하고 준비하는 스스로의 음악적 역량을 강화해야 한다. 넷째, 음악활동 중 영유아의 음악성 발현의 특징을 발견하여 안내자로서의 교사의 역할을 전문성을 갖추고 감당해야 할 것이다.

② 예술경험의 교육내용은 아름다움 찾아보기와 창의적으로 표현하기, 예술 감상하기로 나뉜다. 아름다움 찾아보기는 자연과 생활에서 아름다움을 느끼고 즐기기 위함으로 음악적 개념과 그의 하위내용인 음악적 요소 찾아보기, 움직임과 춤 탐색하기로 세분되며 창의적으로 표현하기는 음악적 표현으로서 소리 만들기, 노래 부르기, 신체, 사물, 악기를 이용하여 표현하기와 음악과 다른 예술영역을 통합하여 움직임과 춤으로 표현하기, 극놀이를 경험하고 이야

기를 표현하기이다. 예술 감상하기는 다양한 예술을 감상하며 상상하기를 즐기고 서로 다른 예술표현을 존중하며 특히 우리나라 전통 예술에 대하여 관심을 갖고 친숙해질 수 있도록 감상하기를 장려하는 세부내용으로 구성된다. 이 모두는 표현활동뿐 아니라 표현에 앞선 음악에 대한 지각과 인식 및 이 모두를 통한 음악적 기호형성이라는 보다 큰 범주를 의미하므로 이상은 영유아음악교육을 학문적 관점에서 살펴볼 필요가 있다.

3. 영유아음악교육학의 이해

영유아음악교육은 음악을 듣고, 만들고, 표현하는 과정에서 느낌을 체험함으로써 소리를 매개로 한 사물과 자연과 환경을 미적으로 느끼고 이에 대하여 다양한 방법을 통하여 반응하도록 돕는 것을 목적으로 한다. 이 과정에서 음악의 기본 속성인 높낮이나 길이, 세기, 소리색이 어우러져서 결과적으로 시간예술로 승화된 가락, 리듬, 세기, 음색, 형식과 같은 음악적 개념을 체득하고 이해하며 습득한 음악적 개념을 다양한 형태로 다시 표현하는 일은 모두에게 매우 중요하다. 따라서 영유아의 음악활동은 노래 부르기로 국한될 수 없으며 음높이, 소리탐색, 창작, 음악하기 등 다양하게 확장되어야 마땅하다. 이 모두를 아우르는 음악교육학은 영유아가 음악적 개념을 형성하고 이해하도록 돕고, 인지한 음악적 개념을 표현하도록 도울 수 있도록 연구하는 학문이다. 음악에 대한 긍정적 관심은 영유아가 평생 지니고 갈 음악에 대한 기호를 갖추는 일로 이어지므로(Campbell & Scott-Kassner, 1995), 영유아음악활동은 반드시 이 모두의 영역에서 고루 다루어져야 하고 특히 음악적 개념은 각 활동의 핵심으로서 존중되어야 한다. 음악교육영역의 구체적인 내용은 다음과 같다.

1) 음의 지각과 인지영역

음을 지각하고 습득한 음의 특성을 이해하며 기억하는 능력을 가리켜 음악적 인지 능력(musical cognition)이라고 하는데 여기에는 음의 구별력, 음의 식별력, 음의 분류력, 음의 순서화 능력, 음의 기억력의 다섯 가지 능력이 포함된다.

① 음의 구별력(musical discrimination)이란 서로 다른 음을 듣고 같은지 다른지를 구별할 줄 아는 음악적 능력을 뜻한다. 예를 들면,「작은 별」의 첫 두 마디의 음과「생일 축하」첫 두 마디의 음이 서로 같은가 다른가를 가려내는 능력이다.

② 서로 다른 음을 듣고 음을 알아맞히는 능력이 음의 식별력(musical identification)인데, 예를 들면「작은 별」의 첫 소절을 듣고 무슨 노래인지 알아맞히기이다.

③ 연주된 여러 개의 음을 듣고 음악적 개념에 의해 유목화하는 것이 음의 분류력(music categorization)으로, 예를 들면「작은 별」을 피아노, 실로폰, 마라카스 연주로 들은 후 피아노, 실로폰 그룹과 마라카스 그룹의 두 그룹으로 나누기 활동이 여기에 속한다.

④ 그룹화한 음을 정해진 음악적 개념에 의하여 차례대로 나열할 줄 아는 음의 순서화 능력(music ordering)이다.「작은 별」을 소고, 작은북, 큰북으로 리듬을 맞춘 후 큰 소리에서 작은 소리 순서로 나열하기가 음의 순서화 능력의 좋은 예이다. 음의 순서화 능력은 앞에서 제시한 대로 음의 세기에 따른 나열 외에도 음정이나 음색 등의 일정한 음악적 개념에 따라 순서를 매기는 것도 포함된다.

⑤ 마지막으로 들은 음을 장기적 또는 단기적으로 기억할 수 있는 음의 기억력(music memory or recalling)이 있다. 음의 기억력은 개개인의 자발적인 음악적 표현력을 좌우하는(특히 가창과 연주 등의) 것으로 매우 중요한 음악적 능력이다. 흔히 접하는 예로서「작은 별」을 듣고 잠시 후 또는 며칠이 지난 후 이 노래를 혼자 들은 대로 불러 보기가 음 기억력을 증명해 보는 작업이 될 수 있다.

2) 음악적 표현영역

영유아의 음악적 표현활동(musical production)은 영유아가 본능적으로 자연스럽게 발달하는 음악적 개념과 훈련에 의하여 습득한 음악적 개념을 의식적 또는 무의식적으로 노래, 연주, 율동, 창작하는 등의 다양한 형태로 표현(musical production)해 내는 것이다. 음악적 개념의 표현은 달크로즈와 같이 신체 표현이 강조되기도 하고, 오르프가 주장하듯 악기 합주로 나타날 수도 있으며 코다이의 음악교육에 대한 신념대로 노래 부르기를 통하여 활성화될 수도 있다. 그 외에 그림을 통한 감상이나 간단한 제스처와 말 또는 글로 써 보는 등의 여러 가지 방법으로 자신의 감정을 드러내는 포괄적 의미의 활동이다. 그러나 음악활동에서 나타나는 일반적이고도 효과적인 영유아의 음악적 자기 표현법은 영유아의 연령에 따라 다르기 때문에 관련 연구결과는 이 장 후반부에서 다시 설명하겠다.

3) 음악적 기호형성영역

음에 대한 인지력을 쌓거나 다양한 표현활동을 거치면서 영유아는 자기가 이해하고 표현하는 음악에 대하여 나름대로 음악 기호(musical affect)를 형성한다. 기호(affect 혹은 preference)라는 용어는 처음에는 음에 대한 신체적 반응(physical response: 예를 들면, 호흡이 빨라진다거나 음악을 듣는 도중 너무 감동한 나머지 소름이 돋는 등의 신체적 반응)이나 감정적 반응(emotional response: 예를 들면, 흥분되거나 들떠 있던 불안정한 기분이 차분히 가라앉는 등의 반응)이란 뜻의 의미로 혼합 사용되었지만 차츰 '다양한 음악적 자극에 비하여 특별히 어떤 음악을 좋아하고 즐긴다'는 의미로 용어 사용이 정리되었다(Miller, 1992). 음악적 기호를 이상의 의미로 해석할 때 일반적으로 영유아는 모든 음악을 좋아한다고 얘기할 수 있다. 그러나 음악 자체(music per se)만으로는 기호 형성이 어려운 성장 시기도 있으므로(극단적인 예로서 「엘리제를 위하여」라는 피아노곡이 유치원에서 간식 시간을 알려 주기 때문에 이 곡을 좋아하는 영유아도 있다) 영유아교사들은 다양한 음악보조 자료를 활용하여 적합한 수업방법을 통해 음악기호를 형성하도록 도와야 한다. 즉, 교사는 음악에 관한 지식, 전달의 기술, 영유아에 대한 이해, 국가수준 교육과정의 준수라는 여러 면을 동시에 고려해야 한다는 것이다.

종합하면 개인의 음악성 발달 정도를 노래 부르기나 특정한 악기연주만으로 평가하는 것은 유아의 음악적 능력(즉, 음악적 인지능력, 표현능력, 기호형성) 중 지극히 부분적인 음악적 표현 활동만 살피는 편협한 평가 방법이 된다. 바람직한 음악교육이란 앞서 설명한 음의 인지, 표현, 기호형성을 위한 제반 활동이 골고루 제공되어 각자가 타고난 능력과 사전 경험의 정도를 참고로 하여 개인차를 고려한 적절한 방법으로 교육내용을 지속적으로 제공하는 교육이다(〈표 1-2〉 참조). 그런데 여러 가지 음악적 개념에 따라 영유아의 발달의 순서가 다르고 또한 음악교육 방법에 따라 음악적 인지능력의 발달 속도가 다를 수도 있으므로 영유아에게 있어서 본능적인 음악적 인지능력에는 어떤 것이 있고 어떤 음악적 인지능력이 어떤 연령에서 어떻게 나타나고 발달하며 음악적 능력 발달을 위한 효과적인 표현 순서라든가 영유아기에 나타나는 곡에 대한 빠르기나 장르에 대한 기호가 어떤지 등은 영유아교사라면 꾸준히 관심을 가져야 할 내용이다.

표 1-2 영유아음악교육학의 영역

음악적 인지영역	음악적 표현영역	음악적 기호형성영역
음의 구별력 음의 식별력 음의 그룹화 음의 순서화 음의 기억력	노래 부르기 악기 다루기 몸/그림 등으로 표현하기 변주하거나 즉흥연주 등으로 음악 만들기	빠르기, 전달매체, 장르, 전달자 등은 기호형성의 결정적 변인

4. 영유아의 연령별 음악적 능력 발달

김영연(1994; 2002)은 유아음악교육론에서 영유아의 음악적 능력의 연령 발달에 따른 발달 정도를 〈표 1-3〉과 같이 제시한 바 있다.

표 1-3 영유아의 음악활동 범주와 바람직한 음악자료

연령	본능적 반응	음악적 인지	표현	기호	바람직한 음악자료
0~2개월	청각의 발달	음색 구별			주변 사람의 목소리 소리 나는 모빌 찬팅(쬠쬠, 도리도리, 아침바람), 딸랑이, 수도꼭지나 변기 물 내리는 소리
2~6개월	청각과 시각	음의 셈여림	쿠잉		
6~12개월	소근육 발달	소리 변화 식별	소리 모방		
1~2세		음악적 소리와 비음악적 소리 구별 음의 고저 인지 리듬변화 인지	노래에 비리듬적 발구르기		생활 주변의 소리를 내는 다양한 물건(전화, 냄비, 수저 등)

3~4세		음정보다 음흐름에 정확한 반응	대강 노래 부르기 여러 노래를 섞어 부름. 음정만 따로 연습 시 높은 음역 사용	소리 나는 물체를 확인할 때 더 좋아함	다양한 레퍼토리의 음악(전래동요, nursery rhyme, 국악, 고전, 기타)
4~5세		음의 그룹화	제한된 범위에서 정확한 노래 부르기 노래하며 손뼉치기 자작곡 노래		음역에 알맞는 많은 양의 노래
5세	대근육발달의 완성	음정, 음흐름, 조변화 인지, 화음 인지 (혼돈이 따름)	정확하게 노래, 연주 및 변주, 높이 뛰기, 크게 뛰기	감상을 즐김	음역이 넓은 노래, 돌림노래, 2부 합창, 악기지도 가능

출처: 김영연, 1994; 2002, p. 202.

생후 2개월 영아는 음색에 대한 청감각이 있으며 2개월부터 6개월 사이에는 음색뿐 아니라 소리의 세기에도 민감한 반응을 보인다. 이때 영아는 언어발달의 초기 단계인 쿠잉을 시작함으로써 소리 놀이를 시작하므로 영아를 돌보는 사람은 영아에게 높낮이가 있는 음절어를 많이 들려줌으로써 영아의 음악활동을 자극할 수 있다. 생후 6개월에서 1년 동안은 소근육이 발달하는 시기이므로 물체를 통한 소리자극이 필요하다.

만 1세 영아는 '도리도리' '죔죔' 등의 찬팅을 즐기면서 음악적 능력과 언어능력 발달을 도모한다. 만 1~2세아는 비음악적인 소리와 음악적인 소리(예: 천둥소리와 천사의 노랫소리)를 구별하게 되며 음색, 셈여림에 이어 음의 높낮이 개념과 간단한 모양의 리듬 개념을 형성하지만 표현에는 아직까지 미숙한 모습을 보인다. 그러므로 음악이 나올 때 스스로 흥에 겨워서 몸을 흔들기는 해도 음악의 리듬이나 박자와는 전혀 무관하게 표현하는 것이 이 시기의 대표적인 발달 특징이다. 이제까지 소리 나는 물체를 관찰만 하던 소극성에서 벗어나 물체를 두드려 보며 소리를 만드는 데에도 열중함으로써 생활 주변의 물체를 이용한 악기연주를 시작한다.

만 3세에는 음의 높낮이, 길이, 셈여림, 음색의 기초적 음악적 개념을 형성하므로 표현활동이 보다 원활해진다. 그러나 아직은 구체적인 음악적 개념(예: 음정의 변화)까지는 친숙하지 못하므로 표현의 정확도는 낮은 편이다. 따라서 만 3~4세아는 음정보다는 음흐름에 의존하여 대강 노래 부르기를 즐기지만 노래 부르기 등의 표현활동의 빈도가 이전에 비하여 훨씬 증가한다.

아직까지 미숙한 표현활동은 만 4~5세에 이르는 동안 보다 세련되는데 이 시기에는 표현의 정확성이 향상되고 여러 활동의 동시 작업도 가능하며(예를 들면, 노래하면서 손뼉을 친다거나 발을 구르는 활동) 자작곡의 노래를 부르는 등의 창작성을 보이기도 한다(김영연, 1995; 1996; 2002). 그렇지만 제한된 범주 내에서만 표현활동이 가능하므로, 단계적으로 계획된 훈련에 의하여 활동 범위(예: 음역의 확대)를 넓혀 나갈 수도 있다.

만 5세가 지나면 가창 중심의 표현활동이 변주를 곁들인 연주와 높이뛰기, 크게 뛰기 등의 신체표현으로 동시 연결되기도 하고 이때부터 본격적으로 감상을 즐기게 된다. 그러므로 음역이 넓은 노래(예: ♭ 이하나 C″ 이상)를 불러 볼 수도 있고 돌림노래나 2부 합창 등으로 표현활동의 변화를 줄 수도 있으며 대근육의 발달을 기회로 형식적인 악기지도를 시작할 수도 있다. 또한 평범한 리듬패턴보다는 붓점, 당김음이 있을 때 더 잘 반응하기도 한다.

그런데 김영연 외(2005)에서는 영유아의 음악적 능력의 발달이 앞에서 설명한 내용보다 매우 조기화되고 있음을 〈표 1-4〉와 같이 보고한다. 특징적으로 볼 때 태내아에 대한 연구가 무척 활발해져서 음악교육은 출생 전 9개월부터라는 헝가리의 음악교육가 코다이의 발언을 과학적으로 반증하기도 하였고 음악적 인지능력이 과거 3세에서 최소한 출생 6개월로 당겨졌음도 알 수 있었다. 표현능력에서도 만 5세가 되면 성인수준에 이르고 있으며 음악선호에 대한 요건이 매우 구체화되고 있었다. 즉, 어떤 음악을 좋아하는 이유가 '악기소리가 아니라 사람소리이기 때문에'라든가 무조성 음악을 좋아하거나 도형과 같이 음악의 표상적 상징을 통하여 음악을 좋아한다는 영유아의 음악적 능력의 발달은 영유아음악교육을 담당하는 이들에게 음악교육에 대한 매우 구체적인 이해를 요구한다고 할 수 있다.

표 1-4 월령, 연령별로 본 영유아의 음악적 능력 발달 순서

능력 월령	본능적 반응	소리 지각능력	음지각 능력	인지능력	표현능력	선호, 개념인식에 대한 느낌
태내 5~6개월	외부 음향에 반응, 음세기에 반응	엄마 목소리, 숨 소리, 심장박동 소리, 소화기 움직임 소리, 걷는 소리	음높이	210~1000Hz 소리 인지, 자음과 모음 식별 음색 식별		
태내 6~8개월		선율 지각				
태내 8~10개월		TV 소리 지각	자장가 인식			
생후 3개월		옥타브 음정 지각		엄마 목소리 변화에 따른 감정 변화 인지		
생후 5개월				리듬변화 인지		
생후 6개월			조성 인식	선율 식별, 음높이, 세기 인지		
생후 12개월				말하기와 노래하기 구별, 긴 음과 악구 인지, 가락패턴 식별		
생후 15개월				빠르기와 리듬패턴 식별		
생후 18개월					리듬에 대한 신체반응	
생후 2년					짧은 악구 가창, 짧은 음악에 정확한 신체반응	
생후 3년					리듬감 발달 기초 음악적 개념 이해 여러 노래를 동시 표현	
생후 4년					음색 구분에 민감, 가창 시 노래를 섞어서 부름, 새 노래 창작능력 생김	단순한 리듬구조 선호, 악기소리보다 사람소리 선호, 선율의 진행 방향에 따라 다양한 감정을 느낌
생후 5년				조성 구별	리듬신체표현이 성인수준	복잡한 리듬구조 선호, 무조성 음악 선호, 음악에 대한 느낌을 도형과 연관지을 수 있음

출처: 김영연 외, 2005, p. 312; Parncutt, 2015.

더구나 최근 파른커트(Parncutt, 2015)는 태내아의 음악적 발달에 대한 연구결과를 구체적으로 정리하여 보고하였다. 임신 20주에 태아는 210~1000Hz 소리를 인지하고 엄마의 목소리, 숨 소리, 심장박동 소리, 소화기 움직임 소리, 걷는 소리 등의 영향을 받는데 이러한 소리는 태아의 뇌 발달에도 영향을 준다고 하였다. 같은 시기에 음높이뿐 아니라 자음과 모음의 식별, 음색의 식별도 가능하다고 한다. 또한 자궁 내에서 들리는 음의 세기에 따라 다른 움직임 반응을 한다는 사실은 가히 획기적이다. 생후 3개월이면 엄마 목소리 변화에 따라 변화하는 감정도 인지하고, 생후 6개월에는 음색은 물론 음높이, 선율, 세기를 인지하며, 생후 12개월에는 긴 음과 악구를 인지하고 가락패턴을 식별한다. 생후 15개월에는 빠르기와 리듬패턴을 식별할 정도의 음지각 및 인지능력을 갖춘다는 사실은 영유아음악교육의 중요성을 다시 한 번 일깨운다.

이상의 연구결과는 아는 만큼 보이고 아는 만큼 들리며 아는 만큼 지도할 수 있다는 흔한 이야기처럼 유아교육기관에서 실천하는 영유아음악교육에 대한 책임이 교사에게 있다는 점을 강조한다. 따라서 영유아교사는 영유아와 음악을 동시에 이해해야 할 것이다.

● **참고문헌**

교육부(2019). 교육부 고시 제 2019-189호. 유치원교육과정.

김영연(1994). 음악교육학의 영역. **음악교육연구**, 13, 197-208.

김영연(1995). 영유아 애창동요의 실제 음역에 관한 연구. **발표논문집**, 135-152. 한국음악교육학회.

김영연(1996). TV 영유아교육프로그램과 영유아음악교육. 유아교육연구, 16(2), 109-124.

김영연(2002). **유아음악교육론**(개정판). 서울: 학지사.

김영연, 박영옥, 윤선희(2005). 영유아음악교육학연구의 발전과정과 전망. **유아교육연구**, 24(8), 71-100.

김영연, 오주일(2004). 영유아의 음악영재성에 대한 고찰. 유아교육연구, 24(3), 189-208.

송방송(2012). **한겨레 음악대사전**. 서울: 보고사.

이기숙(2000). 유아교육과정. 서울: 교문사.

이순형, 이성옥, 이완정, 권혜진, 황혜신, 이혜승, 이영미, 정윤주, 성미영, 권기남(2005). 영유
　　아 보육·교육 프로그램의 이해. 서울: 학지사.

Campbell, S. C., & Scott-Kassner, C. (1995). *Music in childhood: From preschool through
　　the elementary grades*. NY: Schirmer Books.

Choksy, L. et al. (2001). Influence on methods, approaches, and philosophies of teaching
　　music. *Teaching music in the twenty-first century* (pp. 12-23). Upper Saddle River,
　　NJ: Prentice Hall.

Hayes, C. C. (2013). What do you know about the National Common Core Arts Standards
　　and other professional development? *General Music Today, 21*(1), 4-5.

Mark, M. L. (1986). *Contemporary music education* (2nd ed.). New York: Towson State
　　University.

Miller, R. F. (1992) Affective response. In R. Colwell & C. Richardson (Eds.), *Handbook of
　　research on music teaching and learning* (pp. 414-424). NY: MENC(NAfME).

Parncutt, R. (2015). Prenatal music development. In G. McPherson (Ed.), *The Child as
　　musician: A handbook of musical development* (2nd ed.). Oxford: Oxford University
　　Press.

Scott, C. (1977). *Pitch concept formation in preschool children*. Unpublished dissertation.
　　Washington, DC: University of Washington.

영유아음악교육가 소개

. . .

제2장에서는 음악교육의 대부(代父)로 불리는 스위스의 교육자 페스탈로치와 경험주의 교육철학에 바탕을 두고 영유아음악교육의 필요성을 강조하는 구성주의의 대표적 교육학자 듀이의 교육관을 다루고 있다. 또한 유아교육의 창시자인 프뢰벨과 오감을 통한 영유아교육을 강조한 몬테소리가 영유아교육에서 음악을 어떻게 접목시켰는지도 함께 알아봄으로써 그들이 오늘날 영유아음악교수법에 미친 영향을 살펴보도록 한다. 또한 최근 우리나라 영유아음악현장에 잘 알려지고 있는 여러 특수한 음악교수법의 음악교육가들, 유리드믹스의 창시자 달크로즈, 슐베르크 프로그램으로 알려진 오르프, 노래지도를 강조한 코다이, 스즈키 메소드의 스즈키 그리고 오디에이션의 창시자 고든의 음악교육사상과 교수법에 대해서도 알아본다.

1. 교육사상가

1) 페스탈로치

스위스 태생의 페스탈로치(Johann Heinrich Pestalozzi, 1746~1827)는 루소의 자연주의 교육관을 계승한 교육학자로 알려졌다. 그는 교육이란 즐거운 상태에서 이루어져야 한다고 강조하면서(Barlow, 1977) 마치 넓은 목장에서 소를 방목하듯 자신이 하고자 원하는 방향으로 능동적 행동을 할 수 있도록 교육함으로써 인간에게 참된 지식을 부여할 것을 강조하였다. 생각의 자주성과 감정의 통찰력을 허용하는 교육은 개인이 과거에 습득한 지식을 보다 생명력 넘치게 만들어 주는 필수조건이라고 주장했다(Green, 1913). 따라서 어린이들에 대한 관찰과 사랑이 암기 위주의 교수법이나 교사의 권위보다 우선되며 특히 음악적 감각을 키우는 일은 인간의 능동적 행동을 강화시키는 데 필수조건이므로 음악을 교육과정의 중요한 일부분으로 강조했던 세기의 교육학자이자 음악교육자로 알려져 있다.

페스탈로치의 음악교육방법은 19세기 미국의 음악교육가인 메이슨(Lowell Mason)에게 직접적인 영향을 주어 메이슨은 페스탈로치의 감각적 경험(sensory experiences)과 실험적 학습(learning by doing)을 겸한 단계적 음악학습법을 미국에 소개하도록 하여 미국 학교의 음악공교육과 음악교육과정 발전에 기초를 마련하게 하였다. 메이슨과 더불어 페스탈로치의 음악교육관(觀)을 보급하던 네프(Naef)는 1830년 미국의 Boston에서 『페스탈로치 음악지도 체계의 원리』를 발표하였는데 그의 저서에서 소개된 음악교육의 지침은 다음과 같으며(이홍수, 1990, p. 14 재인용) 이러한 음악교육의 원리는 현재까지도 음악교육현장에 그대로 적용되고 있다.

첫째, 악보를 보기에 앞서 먼저 노래를 가르친다(singing before symbol).

둘째, 음악적 표현에 대한 교사의 언어적 설명보다는 소리의 구체적인 모방을 권장하며 학생 스스로 소리의 차이를 구별할 수 있도록 교사는 기다린다.

셋째, 한꺼번에 여러 가지 음악적 개념을 알리지 말고 일 회의 수업에서 한 가지 음악적 개념을 지도한다.

넷째, 하나의 음악적 개념을 완전히 습득한 후 다음 개념으로 넘어간다.

다섯째, 우선 곡을 다룬 후 거기서 발견된 관련 이론을 지도한다.

여섯째, 곡의 분석을 곡의 이해와 연주를 위해 활용한다.

일곱째, 노래지도를 할 때 음표 등 음악용어의 사용은 악기연주에서도 똑같이 사용한다.

이렇게 페스탈로치는 음악이 인간의 지적, 도덕적, 신체적 발달에 도움을 준다는 점에서 음악은 모든 어린이에게 꼭 가르쳐야 할 교과목이며 글을 읽을 수 있는 어린이는 누구나 노래를 부를 수 있다는 점을 역설함으로써 음악교육의 중요성을 강조하였다. 그에 의하면 인간의 살아 움직이는 감정은 자신이 획득한 지식을 현실에 적극적으로 응용할 수 있는 에너지로 바뀔 때 최고의 가치가 있는데, 그 생동감 있는 에너지로 전환시킬 수 있는 힘을 바로 음악에서 제공할 수 있다고 하였다. 이러한 페스탈로치의 음악교육 원리는 추후 세계적인 음악교육자인 달크로즈와 스즈키의 교수법에도 많은 영향을 끼치게 된다.

2) 듀이

20세기 미국의 실용주의 교육자 듀이(John Dewey, 1859~1952)는 『확신을 위한 질문들(Questions for Certainty)』(1929)과 『경험으로서의 예술(Art as Experience)』(1934)의 저자이다. 듀이는 직접 경험에 교육적 가치를 부여하며, 경험은 완성을 향하여 행위의 주체자가 만족하는 해결방안으로 지속하는 놀이를 계속해 낼 때 진정한 의미의 자기통합(self-unification)으로 완성되게 한다고 하였다. 경험을 통한 자기확인의 기회는 학교가 사회에서와 같은 환경을 꾸며 꾸준히 제공해야 하고 날마다 색다르게 연속되는 생활경험이 곧 교육과정이라고 하였다(안인희, 1975). 따라서 현

실에 기초한 듀이의 실용주의교육관은 음악교육과정에 비추어 볼 때 악곡 자체의 위대함보다는 악곡을 체험하는 과정 그 자체에 의미를 둔다. 그는 예술이란 인간 삶의 경험과 관련되는 느낌의 직접적 표현이므로 음악적 경험 또한 인간 삶에서의 의미 있는 가치로 믿었다. 이렇게 실용주의에 뿌리를 두고 있는 듀이의 발견학습법은 추후 브루너(J. Bruner)에 의해 구체화되어 실제로 미국에서는 헤드스타트의 일부인 Manhattanville Music Curriculum Project(MMCP, 1965~1970)라 불리는 음악교육과정에 직접 적용되었다.

MMCP에서는 학생들이 음악과 관련된 모든 분야의 활동, 노래 부르기, 악기 연주, 창작, 감상 등을 고루 경험할 수 있는 내용이 포함되어 있고 아울러 학생들의 자발적인 창작활동을 적극 유치함으로써 각자가 다양한 음악활동을 직접 경험해 볼 수 있도록 심미적인 체험에 바탕을 둔 포괄적 음악교육(comprehensive music education)을 시도하였다(Garreston, 1976). MMCP에서 교사들은 학생들에게 음악 지식을 주입하기보다는 안내자와 지원자의 역할을 하고 음악적 기능의 향상과 음악적 인지발달은 학생 개개인의 책임 감수 능력과 반복적인 시행착오에 의존하였다.

그러나 전반적으로 교사들의 음악 수업 형태와 학생들의 학습태도 간의 간극, 즉 교사가 전하려고 하는 음악에 대해 학생들은 별로 관심이 없고 대신 학생들은 교사의 음악적 가치와는 별개인 또래 문화에 갖는 관심과 관찰내용, 형식과 구조적 개념에 맞추어 음악을 수용하는 경향이 있었다. 이런 점은 MMCP에 대한 부정적 평가사항으로서 여러 가지 음악활동 중 특히 창작이 교사가 중심이 되는 진부한 활동이었다는 비판도 받았다.

그럼에도 MMCP는 다음과 같은 점에서 긍정적 평가를 얻었다. 프로그램에 참가한 유아와 청소년 모두가 스스로 음악가로 인식할 수 있도록 그들의 음악활동 참여를 적극적으로 유도하고 격려하였고, 학습의 전 과정에서 음악적 개념이 일정하고 통합적으로 구조화된 상태, 즉 나선형교육과정을 활용하면서 학습자에게 다각적 음악활동 체험의 기회를 제공한 점이다. MMCP는 음악교육과정과 환경구성의 중요성을 충분히 강조한 프로그램으로서 음악 학습에 참여하는 학습자들 자신이 음악행위의 주인공으로 인식하며 직접 예술의 세계를 체험할 수 있도록 기여했다.

따라서 학교에서 바람직한 음악 체험이 제공되기 위하여 교육과정과 학습과정이 긴밀하게 일관되도록 세심하게 계획되어야 한다(Campbell & Scott-Kassner, 2017)는

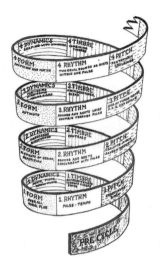

[그림 2-1] MMCP 나선형 교육과정의 예

주(註): 이 그림은 음악교육에 있어서 개념적 접근을 위한 이론적 근거를 제시하는 그림인데 음악이 공통으로 지니고 있는 구조와 생성의 본질을 이해하고 음악행위를 하는 데 바탕이 되는 기본적이고 보편적인 내용을 포함한다. 따라서 학습자로 하여금 음악적으로 사고하며 음악을 이해할 수 있고 음악적 행위를 하도록 유발한다. 예를 들면, 유아가 곡의 강약 개념을 학습하는 데 있어서 제일 첫 단계에서는 *p*(여리게), *f*(세게)를 경험하고 둘째 단계에서는 *mp*(조금 여리게), *mf*(조금 세게)로 확대하며 마지막에는 ＜ (점점 세게), ＞ (점점 여리게)의 개념도 경험할 수 있도록 같은 곡을 순차적으로 다양하게 연주하거나 감상한다.

출처: 김영연, 2002, p. 41.

점이 다시 한 번 강조되었으며 프로그램에 참가한 영유아들에게는 음악에 대한 통찰력과 음악의 아름다움 미적(美的) 세계에 대한 느낌을 생애 초기에 경험해 볼 수 있는 매우 바람직한 기회였다. 이를 계기로 우리나라 교육기관에서도 음악을 통한 예술체험의 기회를 영유아에게 가능한 한 많이 제공하는 노력이 필요하다.

2. 유아교육가

1) 프뢰벨

현대 유아교육의 선구자로 알려져 있는 독일 태생 프뢰벨(Friedrich Wilhelm August Fröbel, 1782~1852)은 유아의 선한 천성을 존중하였는데 유아를 학습의 주체

자, 자발성의 소유자라고 간주하며 유아기 발달과정의 중요성을 강조한 학자이다. 프뢰벨은 신학과 철학에 기초를 둔 형이상학적 접근을 취하면서 친구와 정원에서 같이 놀게 하는 놀이중심의 자연 성장적 유아교육론을 주장한다. 프뢰벨은 학습자의 상상력에 호소하는 상징적 교수법을 많이 창안하였고 가장 이상적인 학습법이란 놀이(play)임을 주장하였다. 그는 자발적 자기활동의 원리에 의해 이루어지는 창조적 자기발달 과정이 곧 교육의 핵심이라고 여기고 유아의 자기활동은 외부 사물에 대한 자극에서가 아니라 내적인 본성에서 나오는 것으로 이에 대한 준비성은 내적 본성의 조건일 뿐 호기심이나 흥미, 또는 과거의 경험과 같은 조건은 아니라고 설명한다. 따라서 프뢰벨에 의하면 교사는 유아가 내적 본성을 싹틔울 수 있는 시기를 예측하여 교육의 완성 지점에 도달하는 데 적합한 활동에 열중할 만한 기회를 유아에게 충분히 주어야 한다고 하였다.

프뢰벨의 교육과정은 활동중심 교육과정으로서 모든 자기표현활동 일체를 포함한다. 프뢰벨은 언어와 노래, 동작과 구성적 활동이 동시에 발달해야 한다고 하면서 그리기와 리듬놀이, 수공(手工: handcraft)을 표현활동의 필수적 교육내용으로 포함하였다.

율동적이고 규칙적인 운동이 영유아기 때부터 발달되면 보다 쉽게 규칙적이고 절도 있는 생활을 할 수 있게 된다고 보았고, 이러한 규칙성의 습관화는 자연과 예술, 음악과 시 쓰기에서 영감을 받을 수 있으며 이는 시간이 지나면서 점차 깊은 감수성을 발휘하도록 발달된다고 하였다.

프뢰벨이 고안한 11종의 작업(occupations)은 이전에 그가 고안했던 창조적 놀이기구 은물(Gift)과는 다른 비정형적이고 조작이 가능한 교구로서 이 또한 유아의 심성발달에 도움이 된다고 보았다. 그는 놀이와 작업이 모두 자신의 내면을 표현하는 도구로 은물이 지닌 상징적 의미를 감정적 예감에 접목시켜 이해하는 작업을 반복하다 보면 추후 이것은 어떠한 개념의 명료화의 과정으로 전이된

[그림 2-2] 프뢰벨의 변형된 은물 사진

다고 하였다. 즉, 그가 의미하는 상징의 내적 의미란 곧 예술적 의미라고도 할 수 있는데, 이 의미를 전달하기 위해 은물이 만들어졌고 노래와 동작을 포함하는 다양한 협동놀이와 집단게임은 상징적 의미의 전달 방법으로 여겨져 특히 강조되었다.

이상은 페스탈로치가 다양한 실물을 사용함으로써 유아의 감각적 능력을 연습시킨 것과는 대조적으로 프뢰벨은 유아가 공, 육면체, 원기둥 등 제한된 범위의 은물만 사용하여 상징적 지식을 습득하기를 원했다는 점에서 차이가 있는데 특정 모양의 물체 사용을 통해 음향 감각까지도 키울 수 있다는 프뢰벨의 생각(최양미, 1997)은 최근에 강조되는 오감교육과도 직결된다고 할 수 있다.

2) 몬테소리

1870년 이태리 카라벨라(Chiaravalle, Italy) 태생 몬테소리(Maria Montessori, 1870~1952)는 독실하고 엄격한 가톨릭 신자 부모의 가정에서 태어나 로마 대학교를 졸업한 최초의 여성 의학박사이다. 몬테소리는 로마 대학교 부속병원 정신과에서 근무하면서 정신지체아를 교육하는 국립정상학교의 지도자로 일하였고, 이어서 로마 대학교 인류학과에 재입학하여 교육인류학 강의를 계기로 교육자로서의 길을 시작하였다.

1907년 이태리 산 로렌조에 첫 번째 몬테소리 어린이집을 개원한 후 교사교육 강의를 하고 연이어 미국, 영국, 네덜란드, 스페인 등에 몬테소리 학교를 설립하였다. 첫 번째 몬테소리 어린이집이 설립된 지 10년이 지난 1917년에는 일본, 중국, 인도 등 세계 여러 나라에 몬테소리 교사양성기관이나 몬테소리 학교를 설립하였다. 이미 1913년에 로마에 몬테소리 교육협회를 설립했었는데 같은 해 미국에도 몬테소리 교육협회를 설립할 정도로 세계적으로 활동하였다. 1917년에는 뉴욕에 국제몬테소리진흥재단(The National Montessori Foundation Fund)도 설립하는 등 추진력 넘치는 교육활동을 전개해 나갔다.

1939년 이후 잠시 동안 제2차 세계대전의 영향으로 몬테소리 운동이 전면 중단하는 위기도 있었지만, 1945년 인도에서 인도 전국 몬테소리 대회를 개최하는 것을 계기로 몬테소리 운동을 회복시켰다. 1947년에는 이태리 독립을 계기로 이태리 정부

주관의 몬테소리 학교(Opera Montessori)를 다시 설립하면서, 그 해에 이태리 몬테소리 어린이집 창립 40주년을 기념하는 행사도 동시에 펼쳤다. 몬테소리는 1949년, 1950년, 1951년 연이어 노벨 평화상 후보자로 지명되었으나 아쉽게도 수상의 반열에 들지는 못했다. 1951년 영국에서 제9회 몬테소리 회의를 개최 후 이듬해에 돌아가셨다.

몬테소리는 유아의 몸에 있는 감각기관으로 하여금 환경과 유아 내면의 접점이 되게 하는 것이 감각교육의 핵심이라고 강조하였다. 교사는 이 시기에 유아의 감각기관 형성과 발달이 효과적으로 연결될 수 있게 적합한 환경을 조성하고 유아의 활동을 묵묵히 인내함으로 지켜볼 것을 요구했다. 특히 출생 이후 6세까지는 지력과도 관계 있는 오감각(五感覺)이 민감한 시기이므로 지적 활동의 발달에 필요한 일정한 능력을 습득하기 위한 감각적 활동을 계획적으로 펼쳐야 한다고 주장했다. 감각교육은 시각, 촉각, 청각, 후각, 미각을 자극함으로써 유아가 예민하게 반응할 수 있도록 유아 주변 세계의 사물 특성을 보다 정확하게 파악하여 유아의 정신세계를 풍요롭게 해 주는 교육으로 이러한 관점에서 몬테소리는 인지형성에 도움이 되는 조작적 놀이의 필요를 강조하였다. 이를 위하여 몬테소리는 오감각 자극의 특별한 특성을 지니는 사물을 교구로 개발하여 유아교육에 활용하도록 하였다. 몬테소리는 감각을 시각, 촉각, 청각, 후각, 미각의 단순감각과 온도감각, 중력감각, 시각과 형태지식 감각(기하도형 서랍장과 카드 등), 형태지식감각(단추 분류하기, 비닐주머니 등)으로 분류했는데 음악교육은 청각을 자극하는 단순교육내용으로 간주했다(신화식, 2003).

이러한 관점에서 몬테소리는 오감 특히 청감을 자극하는 자연스러운 소리의 중요성을 매우 강조했다. 몬테소리는 오선 위주의 음표암기 등 이론에 치우치는 전통적 방식의 유아음악교육은 문제가 많다는 점을 직시하고 유아음악교육방법의 일환으로 음감벨을 개발하였다. 음감벨을 두드려 봄으로써 서로 다른 소리의 차이를 구별하여 알고, 서로 다른 소리로 새로운 소리를 만들어 보고, 악보에서 표시하는 소리에 대한 약속을 음감벨로 확인하는 작업을 통해 청각교육이 음악교육이 될 수 있다고 하였다. 이러한 몬테소리의 유아교육관은 음악교육의 핵심에 해당하는 음악적 인지력(음의 구분력, 식별력, 유목화 및 순서화능력, 기억력)의 발달과 깊게 연관된다(김영연, 2002). 즉, 몬테소리가 생각했던 음악교육은 유아 스스로 환경 속에서 음악

[그림 2-3] 음감벨 사진

을 느끼고 음악을 이해할 수 있도록 음악적 환경을 마련해 주어야 한다는 것이다. 결국 유아기 음악교육은 자신을 표현하는 법을 배우고 다른 사람의 표현을 인식하고 이해해 나가는 과정을 통해 미적 발견을 할 수 있도록 돕는 것이다.

몬테소리가 음악교육의 내용으로 제시한 것은 리듬과 음정의 연습, 다양한 음악적 표현, 악보의 읽기와 쓰기이고 구체적인 활동은 소리 구별하기, 컵을 이용한 소리 듣기, 음감벨 연주하기, 음감벨의 음이름에 관한 논리적 연상하기, 음감벨의 음이름에 관한 청각적 연상하기, 피아노에서 음이름 알기, 음표 알아보기, 악기 알아보기, 신체표현 등으로 내용이 다양한데(신화식, 2003) 이러한 내용은 이 책의 제1장 영유아음악교육의 개념에서 상세히 설명하였다.

한편, 몬테소리는 유아에게 흡수되는 정신활동을 흡수정신(absorbent mind)이라고 부르고 유아들이 흡수하는 모든 능력은 성인보다 빠르다고 하였다. 독일의 사상가이자 제1차 세계대전 이후 발간된 『서양의 몰락(The Decline of the West)』의 저자인 오스왈드(Spengler Osward)는 흡수정신이란 무의식적인 정신작용이긴 하지만 활발한 생명력과 에너지에 의해 충전되는 활동적인 민감 상태라고 불렀고 민감 상태에서의 흡수력이란 상징적인 흔적을 기다리는 것이 아니라 상징적인 흔적과 비슷한 것을 어떠한 방법으로든지 탐색하는 능력이라고 설명하였다(조성자, 1996). 따라서 유아교사는 바로 이 점에 주목하여 자유선택놀이 중 유아 자신이 선택한 작업에 맘껏 몰입함으로써 스스로 독립적 존재로 성장해 나가도록 돕고, 한편 스스로 또래의 작업과 비교하면서 외부환경에 대한 적응력과 관심을 증진해 나가도록 도모해야 한다.

3. 음악교육가

1) 달크로즈

스위스 태생의 피아노 교수 달크로즈(Emile Jaques-Dalcroze, 1865~1950)는 음악교육가로 더 잘 알려져 있다. 달크로즈는 자신이 지도하는 피아노 연주 전공 학생들로부터 다음을 발견했다. 첫째, 신체로는 쉽게 표현해 내는 복잡한 리듬패턴을 연주에서는 무척 어려워하며, 둘째, 때로 악기로는 어떤 곡을 연주하는 기술은 좋으나 연주 속에 음악을 느끼고 표현하는 능력이 매우 부족하다는 점이었다(Landis & Carder, 1972).

달크로즈는 효과적인 음악교육이란 어려서부터 들어서 익숙한 음의 집합을 적절한 신체표현을 통하여 훈련시킴으로써 청감각을 발달시키고 발달된 미적(美的) 감각을 궁극적으로는 정확한 연주로 이어 주는 과정이라고 생각하였다. 특히 리듬은 음악에 의미와 예술적 생동감을 부여하는 가장 근본적인 요소로서 청음훈련(ear training)을 통한 리듬과 신체의 신속한 연결을 음악교육의 가장 기초적인 방법으로 생각했다. 즉, 청음은 곧바로 신체표현으로 연결되므로 신체표현을 통한 청음훈련은 연속하여 악기연주로 이어지기 때문에 달크로즈에게 있어서 신체표현은 리듬감각, 악구에 대한 이해와 가락과 형식을 익히는 데 필요한 기본 표현 수단으로 해석되었다.

이러한 달크로즈의 음악교육 방법을 가리켜 유리드믹스(Eurhythmics)라고 하는데 유리드믹스는 즐거운(Eu)과 리듬훈련법(rhythmics)이라는 그리스 어원에 기초한 합성어로서 유리드믹스 교수법은 음악을 듣고 즉시 자유롭게 온몸으로 느낌을 표현하게 하는 훈련법인 동시에 특수한 리듬패턴에 대한 인간의 신체와 정신의 긴밀하고 신속한 전달 훈련법이다(Dalcroze, 1921).

달크로즈는 청음능력의 중요성을 그 어느 것보다도 강조하며 어린이들에게 다양한 형태의 소리를 들려주어 그것에 익숙하게 하기 이전까지는 피아노를 비롯한 어떤 악기도 어린이들에게 가르쳐서는 안 된다고 주장한다. 효과적인 청음훈련을 위하여 달크로즈는 계명창(Solmization)과 변주를 포함한 즉흥연주훈련(Improvisation) 그리고 유리드믹스를 음악교육의 중요한 조합 방법으로 택하였다.

그는 한때 독일에서 유리드믹스 중심 음악교육을 보급하다가 제1차 세계대전 후 스위스의 제네바로 돌아가 자크 달크로즈 연구소(Jaques-Dalcroze Institute)를 설립하고 후학지도에 전념했다. 이를 계기로 달크로즈의 유리드믹스 교육방식은 유럽은 물론 미국, 일본 등에 알려지기 시작하면서 유리드믹스가 체육이나 무용 교육의 수단이라는 오해도 한동안 받았다. 그러나 1970년대 이후부터는 신체표현을 통한 청음훈련 중심의 달크로즈 음악교육철학이 제대로 알려지면서 그의 음악지도 방법은 전 세계적으로 관심의 대상이 되었고 달크로즈의 유리드믹스는 앞으로 소개될 오르프, 코다이와 더불어 최근 음악교수법에까지 막대한 영향을 미치고 있다.

2) 오르프

독일 태생의 작곡가이며 음악교육가인 오르프(Carl Orff, 1895~1982)는 달크로즈의 음악교육법에 감명을 받아 달크로즈와 마찬가지로 리듬을 음악교육의 근본으로 여기고 리듬훈련을 중요시하였다. 특별히 오르프는 어린이들이 구속받지 않는 자연스러운 상태에서 복합된 음악활동, 즉 신체표현과 언어표현을 동시에 해내는 것(이것은 동작과 가창의 동시현상 혹은 통합된 음률활동으로 표현될 수 있다: Combination of music, movement and speech)을 발견하고 이 세 가지를 통합하는 방향으로 오르프 특유의 독특한 교육방식을 전개한다.

오르프는 어린이들의 청감각을 발달시키기 위해 간단하고 반복적인 가락과 리듬 패턴을 암송시켜야 한다고 하였는데 이러한 조건을 충족시키기 위해 오음계(五音係)에 바탕을 둔 독일민요를 중요한 음악교육 자료로 삼았다. 또한 암송을 통하여 익힌 곡들을 어린이들의 직접 악기연주로 발전시키기 위해 오스티나토(Ostinato: 동일한 리듬패턴이나 가락패턴을 주된 가락에 덧붙여 곡의 처음부터 끝까지 연주하는 기법)를 곁들인 기악합주 방법을 택하였는데 이를 위하여 오르프는 어린이들이 비교적 쉽게 다룰 수 있는 실로폰이나 리코더 등의 악기를 어린이의 신체 크기와 구조, 어린이의 음기억 능력 등에 맞추어 단순한 형태로 변형시켜서 제공하고, 이 악기로 첫 번째, 청음을 하고, 두 번째, 손뼉치기, 발구르기, 암송 등을 하면서 리듬패턴을 신체로 표현한 후, 마지막으로, 개조된 악기로 합주하는 순서의 음악교육법을 제안하였다.

이렇게 신체표현을 동반하는 리듬악기 합주를 통한 오르프의 교육도 달크로즈와 같이 청음교육을 전제로 하는데 때마침 독일 바바리안 방송국(Bavarian Broadcasting Corporation)의 부탁으로 말과 노래, 악기연주를 포함한 어린이를 위한 작품들이 『Schulwerk』(School Works: 학교에서 가르쳐야 할 음악곡들)라는 다섯 권의 악곡 모음곡으로 발간되었다. 바로 이 책 이름이 오르프 음악교육을 뜻하는 교수법, 즉 슐베르크(Schulwerk)가 되었다(Shamrock, 1986). 다섯 권의 슐베르크에 수록된 곡들은 오음계를 기초로 하였으며 단순한 오스티나토 패턴이나 보르둔(Bordun: 단순 저음 반주 형태)을 포함하여 어린이의 일상생활과 관련된 민요를 기악 합주에 이용하고 독특한 악기 배합에 의한 중주와 합주를 시도하였다. 처음에는 단3도 음정에 기초하여 노래를 부르다 차차 수준을 높여 가며 학습하는 음의 탐색과정은 오르프 슐베르크의 이념을 표현하고, 스스로 체험하고, 공동체 안에서 음악을 함께 연주하는 점진적 단계로 통합된 음악하기의 경험을 어린이에게 제공한다.

세계의 많은 음악교육자는 오르프 음악원(Orff Institute, 1961~)에서 그의 작품과 지도 방법을 배웠으며 각자 자기 나라로 돌아가 슐베르크를 번역하여 출판하고 워크숍도 여는 등 다방면으로 오르프의 음악교육철학에 근접하고자 노력하였고(이홍수, 1990) 현재까지 우리나라를 포함한 세계 여러 나라에서 오르프 교육법이 활용되고 있다.

이렇게 오르프는 어린이의 음악생활 중 언어, 리듬, 신체표현이라는 가장 기본적인 요소를 강조하므로 슐베르크는 정상아뿐만 아니라 학습지진아나 장애영유아의 교육과 치료에도 그 효율성을 인정받고 있다(조효임, 1994). 오르프 슐베르크는 초기단계, 발전단계, 촉진단계, 종결단계에 이르기까지 론도(rondo, 같은 주제의 반복 사이에 대조적인 부주제를 넣어 연주하는 세도막 형식의 음악), 오스티나토(ostinato, 같은 리듬패턴이나 가락패턴을 주된 가락에 덧붙여 처음부터 끝까지 연주하는 기법)나 여러 가지 놀이 등과 연결된 형식을 취하므로 어린이들의 보다 직접적인 체험을 유발하도록 한다. 예를 들면, 초기단계에서는 리듬 찬팅(rhythm chanting: '타티티'나 '딴따따' 등

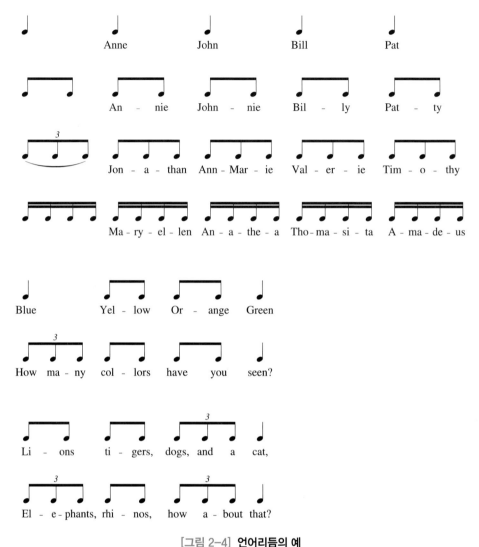

[그림 2-4] **언어리듬의 예**

출처: Campbell & Scott-Kassner, 2017.

의 의성어로 리듬을 읊조리는 표현 방식)을 강조하고 점차 리듬과 음정을 겸한 음악적
언어 표현(musical syllable expression)에 덧붙여 손뼉치기, 손가락 팅기기, 무릎치기
등의 인체 리듬표현을 함께한다. 따라서 말하기, 노래 부르기, 신체표현 그리고 즉
흥연주 이 모두를 종합한 음악교육 방법이 오르프 지도 방식이라고 할 수 있다. 그
가 제작하고 사용한 악기로는 소프라노 목금, 알토 목금, 베이스 목금, 소프라노 철
금, 알토 철금, 타악기, 가죽악기 등이 있는데 슐베르크에 수록된 악곡들을 연주하

[그림 2-5] **오르프 악기를 연주하는 어린이들**

출처: Campbell & Scott-Kassner, 2017.

고 나아가 음악을 자유롭게 창작하여 연주할 수 있도록 이 악기들을 적극 활용하고 있으며 독주, 중주, 합주, 노래의 반주를 통해 합주에 참여함으로써 화성(和聲)음악과 다성(多聲: polyphonic)음악의 원리 이해를 돕는다.

3) 코다이

헝가리 태생의 작곡가 코다이(Zoltán Kodály, 1882~1967)는 음악을 통한 민족교육을 누구보다도 강조한 음악교육가이다. 그는 달크로즈의 철학 중 음악교육에서의 기회균등의 중요성과 오르프가 발견한 어린이의 동작과 가창의 동시현상을 중시하고 여러 가지 음악적 개념 중 특히 음정을 기본으로 한 음악교육법을 개발하였다. 누구에게나 어릴 때부터 모국의 언어와 문자를 배우듯 음악 또한 일찍이 가르치는 것이 가장 쉽고 자연스러우며 효과적인 음악교육법이라 믿은 코다이는 헝가리의 음악을 모국의 모든 국민에게 알도록 가르치는 것으로 그의 음악교육 사명을 감당했다. 그래서 코다이는 그의 절친한 친구인 작곡가 바르톡(Bela Bartok, 1881~1945)과 함께 헝가리 전국 방방곡곡을 돌아다니며 사장(死藏) 위기에 있는 헝가리 민요를 수집·정리하

기 시작하였다. 그는 수집한 민요를 특징에 따라 정리하고 기록한 후에 이것을 모든 헝가리 사람이 즐겨 부를 수 있도록 손계명창법을 이용하여 헝가리 민요를 암송지 도하였다.

따라서 코다이는 음의 독보력과 기보법의 습득을 음악교육의 중요한 목표로 삼 고 이를 위하여 보다 쉬운 방법으로 사람들에게 전달하고자 애썼는데 그는 이미 중 세의 음악지도자 귀도 다레초(Guido D'Arezzo, 995~1050)가 창안하고 영국의 코웬 (John Curwen, 1816~1880)이 발전시킨 손쉬운 손계명창법(tonic sol-fa sight-singing method)을 도입하여 이것을 응용함으로써 헝가리 국민의 독보(讀報) 교육에 충분 히 활용하였다. 한편, 달크로즈가 정확한 음감습득을 위하여 고정 도개념(fixed Do system)을 사용한 것과는 달리 코다이는 이동 계명법(movable Do system)을 사용하 여 모든 곡을 암기에 의해 계명으로 부를 수 있도록 지도하였다.

[그림 2-6] Guido의 손계명과 Kodály-Curwen의 손계명

출처: Campbell & Scott-Kassner, 2017.

이러한 그의 지도법은 1944년 헝가리의 국민학교 새 교과과정의 일부로 채택되었고 1950년대 이후 세계음악교육협회(International Society for Music Education: ISME)를 통하여 세계 각국의 음악교육자들에게 보급되기 시작하였다. 그의 음악교육사상은 어떤 나라의 민요든지 부르기 쉽도록 간단하고 반복적이라는 음악적 특징을 지니고 있다는 점을 세계인들에게 고취시키는 한편, 민요는 다른 어떤 음악 장르보다도 자기 민족의 문화와 사상과 민족적 자긍심을 상징하는 대표적인 문화유산이라는 점을 우리들에게 일깨워 줌으로써 음악을 통한 민족교육의 중요성을 강조했다. 바로 이런 점에 기초한 민족주의 음악교육가 코다이는 헝가리의 모든 국민으로 하여금 어려서부터 음악, 특히 민요를 국민 각자가 생활의 일부분으로 자리 잡을 수 있도록 독려한 점에서 음악교육의 가치와 목적을 한층 더 드러냈다.

코다이의 음악지도법은 이미 우리나라에서도 응용되어서 계명암송창을 통한 노래지도가 유아들에게도 보급 실시되었다. 그러나 음악을 지도하는 영유아교사들이 보다 중요하게 생각할 것은 코다이를 비롯하여 앞에서 열거된 여러 음악교육가의 음악교육법 중 외적 형식만을 취할 것이 아니라 그들이 왜 이런 방법을 택했는지에 대한 원인을 파악하는 등 음악교육철학에 대한 보다 근본적인 이해가 우선적으로 필요하다는 점이다. 그들의 음악철학을 제대로 이해한 후에 그들이 제시한 여러 가지 지도 방법 중 교사는 어느 한 가지 방식만을 택하지 말고 영유아의 입장에서 가장 실시 가능한 방법을 종합적으로 응용해야 한다. 아울러 우리 음악이 지니는 고유의 특성과 어울릴 수 있도록 우리나라의 유아교육현장에서 적용할 수 있는 지도 방안을 고안해 내야 영유아음악의 교육적 효과가 증폭될 것이다.

4) 스즈키

바이올리니스트이자 음악교육자인 스즈키(Shin'ichi Suzuki, 1898~1998)는 아직까지도 세계 각국에 스즈키 신화를 이어 가고 있는 일본의 음악교육가로서 3세아부터 적용되는 바이올린 조기 지도법인 일명 스즈키 메소드(Suzuki method)를 창안하였다. 그는 바이올린 연주 전공자로 독일에서 8년간의 유학생활을 보낸 후 귀국하였는데 당시 고향으로 돌아온 그가 직

면한 일본의 모습은 전쟁으로 인하여 처참하기 이를 데 없었다. 이러한 암울한 환경에서 음악을 통해 어린이들에게 밝은 세상을 선물해야겠다는 생각을 하게 된다.

이렇게 연주가의 길 대신 음악교육가의 길을 결심한 스즈키 역시 달크로즈, 코다이와 마찬가지로 음악과 모국어의 기능을 같다고 보았다. 아기가 어머니로부터 말을 배우는 것과 마찬가지로 음악을 어렸을 때부터 단계적으로 끊임없이 지도하고, 적절한 음악환경을 지속적으로 제공하여 주면 누구나 음악인이 될 수 있다는 '모국어적 기능으로서의 음악교육 이론(Mother-Tongue theory)'을 펼치게 되었다(Suzuki, 1973). 그는 반복적 암기에 의한 청음훈련과 발달 단계에 맞추어 잘 선정된 교재의 선택, 그리고 어린이를 교육적, 심리적, 음악적으로 잘 이해하는 교사와 합심하여 음악환경을 조성해 주는 가정이 하나를 이룰 때 그가 주장하는 바대로 이른바 '단계적 완전학습에 의한 조기음악교육(mastery sequential music education for early childhood)'이 가능하다고 주장하였다(Costanza & Russell, 1992).

스즈키는 이를 실현하기 위하여 모차르트나 바흐의 작품들도 손수 쉽게 정리하여 어린이들이 연주할 수 있도록 단계별로 교재를 만들어 내고 악기지도도 때로는 개별적으로, 때로는 그룹별로 하되 대개는 어머니와 함께 동시 레슨을 받게 하였다. 예를 들면, 만 3.5세 유아들로 구성되는 초보반에서는 바흐의 '미뉴에트(Minuet)'를 연주하고 바이올린을 배운 지 3년 반에 해당하는 7세아는 모차르트의 '터키 행진곡'을 연주하며 연습 5년째에 해당하는 9세아는 모차르트의 '대관식 협주곡(Coronation concerto)'을 연주할 수 있도록 교재를 제공한다. 그리고 연주하고자 하는 곡을 미리 여러 번 들려주어 주로 암기에 의해 먼저 곡을 익힌 후 반복적인 연습을 거쳐 연주를 완성시키고 그것을 수백, 수천에 이르는 많은 어린이가 함께 모여 같은 곡을 동시에 연주하는 방식을 취한다. 처음에는 음악교사들조차 스즈키 교수법을 제대로 이해하지 못하고 '유명한 작곡가의 유명한 작품을 유니폼을 입은 많은 수의 어린이가 단체로 합주하는 것'이 곧 스즈키 메소드의 전부인 것으로 오해하여 단체음악회를 모방하는 일부 음악교사들도 많았다는 에피소드가 전해지고 있다.

따라서 단계학습법에 기초하는 음악교육철학을 음악교육의 첫 번째 요소로 삼는 스즈키 메소드의 본질이 각국의 음악교사들에게 제대로 알려지기까지는 상당히 많은 시간이 걸렸다. 1958년 이후 현재에 이르기까지 연주 여행, 워크숍 등의 음악교육 프로그램에 의하여 미국을 비롯한 서양의 많은 국가에 스즈키 교육방식이 널

리 보급되어서 지금까지도 잘 훈련된 스즈키 교사가 꾸준히 양성되고 있으며 그들은 각자의 나라에서 활발하게 스즈키 음악교육법을 보급시키고 있다. 또한 1971년 미국 스즈키 연구소(American Suzuki Institute: ASI)의 설립을 시작으로 1983년에는 세계 스즈키 협회(International Suzuki Association: ISA)가 결성되어 스즈키 교육방식으로 바이올린은 물론 피아노, 플루트, 첼로 등 다른 악기를 지도하는 방식이 전 세계적으로 확산되고 있는데 오히려 일본에서는 장래에 연주를 전공으로 꿈꾸는 어린이를 둔 부모들의 경우 스즈키 메소드에 별다른 매력을 못 느끼고 기피하는 현상마저 있다고 하니 이는 매우 모순된 현상이 아닐 수 없다(Kendall, 1986; Takizawa, 1993*).

5) 고든

미국의 음악교육가인 고든(Edwin Gordon, 1928~2015)은 1970년대 음악교육을 위한 연속성의 발달(학습의 연속)을 계발하여 음악학습이론을 형성하였다. 그는 오디에이션(audiation)이라는 새로운 용어를 사용하면서 음악교육의 목적을 뚜렷이 제시하였는데 그 뜻은 '들리지 않는 음악을 상상하여 마음으로 듣고 이해하는 능력'을 뜻한다. 시창과 청음을 중요시하는 유럽의 교수법과 비슷한 접근으로서 상징 이전의 소리를 음악교육을 위한 접근으로 지지한다. 음악적으로 생각할 수 있는 능력이 곧 음악학습에서 매우 기초적인 능력이라는 생각에서이다.

페스탈로치와 메이슨 그리고 앞서 소개된 음악교육가들과도 마찬가지로 고든 역시 악보보기 이전에 소리듣기(sounds before symbol)를 배워야 한다고 주장하며 다음과 같은 음악학습의 이론을 각각 구별암기학습(discrimination learning)과 추론학습(inference learning)의 8단계로 제시하였다. 먼저, 구별암기학습에 대해 구체적으로 살펴보면 다음과 같다(Gordon, 1997).

① 듣기/부르기: 음악을 듣고 들은 것을 따라 부르는 자연스러운 상징으로 이 단계에서는 다양한 음악적 경험을 통해 기본박을 오디에이트하기

② 말의 연합(계명이나 리듬음절로 부르기): 이미 배운 패턴을 계명이나 리듬음절로 부르는데 음정은 이동도법으로 부르고 리듬은 고든 자신이 만든 리듬음절(다다 dada, 두두 dudu 등)로 부른다. 이때 장조와 단조를 병행하도록 하고 2박자 계통과 3박자 계통도 경험하기

③ 부분통합: 이미 배운 패턴을 그룹으로 듣고 특성을 장조나 단조, 2박자나 3박자로 나누어 구별하기

④ 상징적 연합(악보 읽고 쓰기): 유아가 들은 패턴이 장조인지 단조인지 구별할 수 있으면 악보지도를 시작하는데 이때 제시하는 악보는 이미 영유아가 전 단계에서 경험한 패턴으로 앞서 경험한 악보(pre experienced music score)를 새 악보와 자연스럽게 연결하기

⑤ 종합적 통합: 유아가 알고 있는 패턴의 악보를 읽고 쓸 줄 알게 되면 유아는 패턴을 그룹화하여 알아보고 더 나아가 읽은 패턴의 음악적 특성(조성, 박)을 알 수 있는 능력으로 이는 독보력과 오디에이션의 습득이라고 할 수 있다.

구별암기학습의 결과 계속적으로 이어지는 추론학습이란 다음과 같다.

① 일반화: 이 단계에서는 소리−언어−상징(aural/oral-verbal-symbolic)의 세 단계로 구분되는데 여기에서 취급하는 패턴은 이전 것과 달리 전혀 새로운 패턴을 알아 가기

② 창의성/즉흥력: 유아가 배운 패턴과 새로운 패턴을 이용하여 창작하거나 즉흥 연주하는 것을 뜻하며 교사가 한 음정패턴을 부르면 유아는 들은 패턴의 성질을 오디에이트하여 장조면 장조 패턴을 창작하고 단조면 단조 패턴을 창작하기. 이것을 유아의 수준에 적합한 방식인 그림악보로 옮기기

③ 이론적 이해: 고든의 8단계 음악학습이론의 마지막 단계로 다시 소리−언어−상징의 3단계로 다시 구분하기. 이때 유아는 음이름, 음길이, 화음과 같은 기초 음악이론을 저절로 익히게 됨.

고든의 오디에이션을 통한 영유아음악지도 중 노래 부르기의 예를 들면, 노랫말과 관련된 주제에 대하여 먼저 이야기 나눈 후 가락을 부분에서 전체로 통합하는 방

법으로 지도했던 과거의 방식과는 전혀 다르게 소리 먼저, 노랫말 나중의 방법을 따르고 있다. 과정의 중간에서 영유아들이 큰 박(macro beat)과 작은 박(micro beat)을 찾도록 유도하여 곡의 조성을 교사가 제시하는 으뜸음을 참고로 찾아내도록 하는 방법이 매우 음악교육적인 새로운 지도 방식이다.

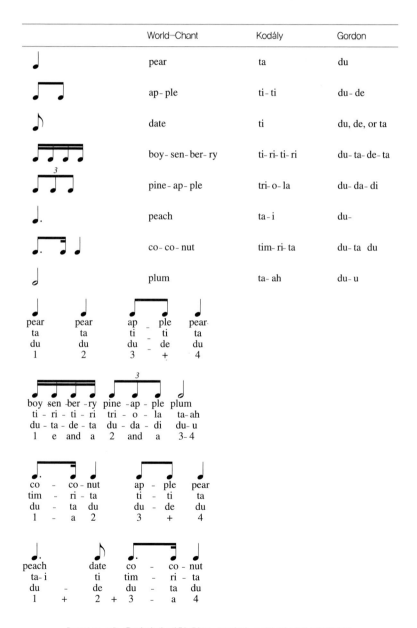

[그림 2-7] 음길이에 대한 찬트, 코다이, 고든 방식의 언어리듬

출처: Campbell & Scott-Kassner, 2017.

이상 영유아음악교육에 영향을 미친 음악교육가를 소개하였다. 종합하면 제일 먼저 소개된 페스탈로치와 듀이는 교육의 중심에 자아확인과 성취의 일환으로서 예술이 놓일 것을 주장하고 있으며 그런 점에서 프뢰벨과 몬테소리도 예외는 아니다. 그러나 음악교육적 측면에서 좀 더 구체적으로 살펴볼 때, 앞서 소개된 음악교육가들은 모두가 공통적으로 청음중심의 교육(ear training)을 강조한다. 효과적인 청음교육을 위하여 달크로즈의 경우는 리듬 동작, 오르프는 악기연주, 코다이는 가창, 그리고 스즈키는 반복적인 악구감상이라는 방법상의 차이만을 보일 뿐이다. 달크로즈, 오르프, 코다이, 스즈키 모두가 단계적 접근법을 중시하고 있으며 또한 오르프나 코다이가 특히 민요를 어린이 음악교육의 중요한 내용으로 선정한 것은 우리나라 음악교육과정에도 많은 점을 시사한다. 고든의 경우 이론 중심, 악보 중심의 고답적인 방법을 회피하고 소리를 듣고 반응하고 판단함으로써 음악을 이해하여 결국 영유아 자신이 음악적 표현을 해낼 것을 강조한다. 결국 어떤 방법을 택하든 간에 각자가 처한 조국의 상황에서 독자적인 음악교육을 전개하고 있음을 알 수 있다.

우리도 외국 음악교육가들의 이론과 교수법을 무조건 받아들이기에 앞서 먼저 민족교육적 차원으로서의 유아음악교육철학에 발을 딛고 우리 실정에 맞는 유아음악교육을 꾸준히 연구 · 발전시켜서 우리 음악을 우리나라 어린이들에게 적합한 방식으로 지도하고 보급시켜 나가야 할 것이다. 예를 들면, 우리나라에도 오르프의 음악교육법은 국민학교 제3차 교육과정 개편을 계기로 이미 1970년대에 소개되었으나 청음이나 즉흥연주 훈련은 무시한 채 리듬악기 합주에만 편중함으로써 진정한 의미의 오르프 교육에는 접근하지 못하였다. 코다이 방식도 주로 암기식 계명창을 위주로 1960년대와 1970년대에 유행처럼 번졌지만 이것도 역시 상급학교 입시를 겨냥한 단기적 교육방법으로 머문 경향이 없지 않다. 오르프나 코다이에 비하여 달크로즈는 우리나라 음악교사들에게 잘 알려진 인물이 아니더라도 그의 교수법은 유아를 위한 리듬활동교육에서 빼놓을 수 없는 부분이다.

그러나 많은 유아교사가 리듬활동(rhythmic activities), 음률활동(creative expressions through music) 그리고 유희율동(dance)의 개념을 혼돈하는 경향이 있어서 달크로즈가 의도했던 유리드믹스(Eurhythmics) 전달에는 무리가 있었다. 게다가 신체 동작을 수반하는 음악시간이 중 · 고등학교에서는 물론, 초등학교에서조차 유치원 교육과정에만 국한되는 고유의 교육내용으로 오해되어 초·중등 교육기관에서 외면당하는 실정이므로 달크로즈 음악교육 방법의 적용은 우리나라 유아교육계와 초·중등교육계에서 보다 신중하게 고려하여 응용해 볼 만한 가치가 있다.

이와 비슷한 현상이 미국에서도 이미 일어났었다. 달크로즈의 유리드믹스가 미국에 갓 소개된 1910년대에 많은 음악교사는 유리드믹스를 일종의 무용교육이나 체육교육으로 착각하였기 때문에 음악수업과 연결시키는 데 많은 어려움을 보이다가 결국은 음악교사들에 의하여 외면당했다. 그러나 제1차 세계대전 이후 독일에 머물던 달크로즈가 제네바로 돌아가 달크로즈 음악연구소(Jaques-Dalcroze Institute)를 설립하여 이 연구소를 통해 유리드믹스 보급에 앞장서고 워크숍 등을 개최하면서 달크로즈의 음악교육철학은 올바로 알려지게 되었다. 이를 제대로 이해한 음악교육자들에 의해 1960년대 말부터 다시 그의 음악교육철학과 방법의 교육적 가치를 인정받아 미국의 많은 음악교사가 달크로즈의 음악교육 방식을 따르게 되었다. 그러나 교육현장에서는 현실적으로 지금까지 소개된 음악교육가들의 방식을 절충한 형태(eclectic approach)로 음악지도에 임하고 있는데 이러한 방식이 음악교육적 효과를 거두고 있다고 음악교육연구가들은 꾸준히 밝히고 있다(Landis & Carder, 1972; Shehan, 1986; Kang, 2016).

이상으로 소개된 여러 음악교육가의 교수법과 연구결과를 우리나라 음악교육 현장에 적용시키기 위하여 보다 쉽고 효과적인 방법이 필요하다. 그러자면 음악을 기술 습득의 차원에서만 받아들일 것이 아니라 음악의 본질적인 면에 접근하여서 '왜 리듬교육이 영유아에게 중요한가? 특히 영유아를 대상으로 하는 음악활동에서는 왜 신체표현을 강조하나, 또한 이들에게 반복적 음악감상이 왜 장려되어야 하나?'에 대한 철학적 이해가 선행되어야 할 것이다. 우리나라 영유아들에게 서양악기로 하는 합주 대신 크기나 구조가 단순화된 우리나라 악기를 개조하여 우리나라 전래동요 합주를 시도할 필요가 있다. 서양의 왈츠에 맞추어 신체로 표현하는 대신 우리 고유의 단모리 장단에 맞추어 춤추는 음률활동은 앞서 소개한 여러 음악교육가의 음악교육철학을 제대로 이해하여 우리 것으로 접목시킨 바람직한 절충적 음악교육 방식의 한 예가 될 것이다. 이러한 방법을 기대해 본다.

● 참고문헌

김영연(2002). 유아음악교육론(개정판). 서울: 학지사.

신화식(2003). 몬테소리 유아교육과정. 서울: 양서원.

안인희(1975). 교육고전의 이해. 서울: 이화여자대학교 출판부.

이홍수(1990). 음악교육의 현대적 접근. 서울: 세광음악출판사.

조성자(1996). 몬테소리 교육학. 서울: 중앙적성출판사.

조효임(1994). 특수교육 개선을 위한 오르프 음악 요법 연구. 음악교육연구, 49-82.

최양미(1997). 프뢰벨과 몬테소리의 교육이론 비교연구: '놀이'와 '작업'의 개념을 중심으로. 유아교육연구, 17(1), 5-22.

Barlow, T. A. (1977). *Pestalozzi and education*. Bouler: Este Es Press.

Campbell, P. S., & Scott-Kassner, C. (2017). *Music in childhood* (4th ed.). NY: Schirmer Books.

Costanza, P., & Russell, T. (1992). Methodologies in music education. In R. Colwell (Ed.), *Handbook of research on music teaching and learning* (pp. 502-523). NY: Schirmer Books.

Dalcroze, J. (1921). Music and child. In *Rhythm, music and education* (translated by H. Rubinstein). NY: The Knicherbroder Press.

Dewey, J. (1934). *Art as experience*. NY: Milton, Balch & Company.

Garreston, R. (1976). *Music in childhood education*. Englewood Cliffs: Prentice Hall.

Gordon, E. (1997). *A music learning theory for newborn and young children*. Chicago: GIA Publications, inc.

Green, J. A. (1913). *Life and work as Pestalozzi*. London: University of Tutorial Press.

Kang, S. (2016). This History of multicultural music education and its prospects: The Controversy of music univeralism and its application. *Update: Applications of Research in Music Education, 34*(2), 21-28.

Kendall, J. (1986). Suzuki's mother tongue method. *MEJ, 72*(6), 47-50.

Landis, B., & Carder, P. (1972). *The Eclectic curriculum in American music education: Contributions of Dalcroze, Kodály and Orff*. Washington, DC: MENC.

Shamrock, M. (1986). Orff Schulwerk: An integrated foundation. *MEJ, 72*(6), 51-55.

Suzuki, S. (1973). Children can develop their ability to the highest standard. In Suzuki et al. (Ed.), *The Suzuki concept: An Introduction to a successful method for early music education* (pp. 9-16). NY: MENC.

Takizawa, T. (1993). 저자와의 개인 면담.

제3장

영유아음악교육의 목표와 내용

. . .

제3장에서는 영유아음악교육의 목표와 내용을 소개하고 있다. 음악을 통하여 영유아의 음악성 발달과 더불어
전인발달을 하는 것이 영유아음악교육의 궁극적인 목표이므로 노래 부르기, 악기 연주하기, 감상하기, 음악 만
들기, 다양한 방법으로 표현하는 음악하기 활동은 교육내용이자 방법이기도 하다. 활동의 과정에서 영유아는 음
악적 개념을 이해하고 습득하며 활용할 수 있으므로 영유아음악교육의 목표와 내용은 유아교육과정이나 표준
보육과정의 내용 범주 안에서 음악을 중심으로 구성되어야 한다. 따라서 영유아음악교육은 일상생활에서 적용
하기 쉽도록 생활주제에서 출발하여 원만한 의사소통 중심의 사회생활, 예술에 대한 느낌과 생각을 창의적이고
자유롭게 나누는 표현생활, 몸과 마음이 모두 건강한 생활, 사람과 자연과 환경에 대하여 탐구하는 생활 등 다양
한 생활영역에서 음악을 중심으로 통합적으로 교육되어야 한다.

1. 영유아음악교육의 목표

영유아음악교육은 음악교육의 학문적 범주를 벗어날 수 없으며 대상이 영유아라는 점에서 영유아교육의 특수성을 고려해야 한다. 따라서 영유아를 대상으로 하는 음악교육은 감수성 계발에 초점을 두고 심미적인 면을 강조하지만 결국은 영유아의 전인발달에 초점을 두어야 할 것이다. 음악이 지니는 다양한 기능은 오락적 기능, 인지적 기능, 사회성 함양의 기능, 의사소통의 기능, 치료의 기능 등 다양하지만, 교육적으로는 이러한 기능 중 각별히 음악적 개념 발달을 통한 음악적 능력의 함양, 심미감 발달, 언어발달, 인지발달, 정서발달, 사회성 발달, 신체발달의 통합을 고려하지 않을 수 없다. 또한 긍정적 자아개념의 발달이나 창의성 발달도 음악을 통한 미적 감각의 체험으로 인하여 길러지므로 음악교육의 목표는 영유아의 인성을 고양시키는 전인교육 차원에서 다루어져야 한다.

영유아음악교육의 본질은 교사의 적절한 안내를 통하여 영유아가 음의 미적 특질에 대한 이해를 증진시키고 음악에 대하여 노래나 악기연주, 신체표현이나 음악극, 또는 언어적 · 조형적 표현 등으로 다양하게 반응하도록 음악적 잠재력을 발달시킴으로써 인간의 감정을 훈련시키는 교육활동이다. 그러므로 영유아음악교육은 영유아가 음악적 개념을 습득하도록 도와서 개인이 타고나거나 혹은 훈련에 의해 형성된 음악성을 다양한 음악활동으로 증진시킴으로써 음악적 능력을 발전시키는 것이다. 그리하여 영유아 스스로 미에 대한 감각을 넓히고 그러한 훈련된 감각을 그들의 음악적 활동 속에 재구성하고 재창조할 수 있도록 돕는다. 결국 이런 활동은 영유아가 태어날 때부터 시작되어야 타고난 음악 적성을 계발하여 평생 유지할 수 있다.

이러한 목적을 달성하기 위하여 교사는 다양한 음악활동을 통하여 영유아의 생각과 느낌을 자발적이고 창의적으로 표현하도록 도와줌으로써 정시적 안정감과 심미적 감각을 키우고 음악적 맥락에 대한 구조적인 이해에 기초하여 생각하는 능력을 기르게 한다. 다양한 음악활동은 영유아의 사고를 촉진시키고, 상상력을 발달시키며, 감성을 풍부히 하면서 성장에 필요한 체험을 제공하여 기억과 언어기술 발달에 도움을 주고, 논리성과 이성적 사고기술에 다각적으로 영향을 주게 된다(석문주 외, 2004). 이렇게 음악을 통하여 창의력을 신장하고 정서 안정을 도모하며 자기표현의 수단으로 발전시키는 것은 궁극적으로 다양한 음악활동이 영유아의 음악적 능력과 음악적 개념에 대한 이해를 높여 주고, 음악에 대한 심미감을 발달하게 함은 물론 언어발달, 인지발달, 정서발달, 사회성 발달, 창의성 발달, 신체발달 등 전인적 성장을 도모하는 원동력이라 할 것이다(김영연, 2002; 장은주, 2007).

2. 영유아음악교육의 내용

1) 체험 활동 그 자체로서의 영유아음악교육내용

음악교육의 일차적 내용은 음악활동 그 자체를 체험하는 일이다. 체험으로서의 음악활동은 어떤 음악을 얼마나 잘 연주하고 만드느냐를 떠나서 영유아가 노래를 부르는가, 노래를 부른다면 얼마나 자주 부르고 노래 부르기 자체를 얼마나 즐거워하는가이다. 단순한 체험의 횟수를 거듭하며 쌓일 때 그러한 체험활동의 총합은 나중에 작곡활동, 연주활동, 감상활동으로까지 발전할 수 있다. 따라서 영유아들에게는 소리탐색활동, 음악에 반응하고 음악에 대하여 다양하게 표현하는 활동과 음악 만들기, 감상활동 등이 중요하다. 노래 부르기, 악기 다루기, 동작으로 표현하기의 표현활동은 영유아교사가 음악교육 내용을 선정하면서 영유아의 기본생활교육과 그들의 흥미와 요구, 그리고 개별성을 존중하여 전인적 성장과 발달에 기초하여 다양한 방법의 활동을 음악교육내용으로 삼고 놀이중심으로 구성되어야 한다. 따라서 영유아음악교육의 내용은 영유아의 발달적 측면과 더불어 영유아의 일상생활 속에서의 현실적 특성, 전달내용의 다양성과 연계성, 그리고 전달방법의 다양성과 통합성을 동시에 고려한 상태에서 구성되어야 한다.

(1) 노래 부르기

과거로부터 현재까지 많은 연구자가 밝혀왔듯이 노래 부르기(Singing) 활동은 영유아음악활동 중 가장 많은 부분을 차지하는 음악활동이다. 영유아의 음악성 발달을 위하여 특히 음정개념을 개발하는 것이 가장 중요하다고 생각한 헝가리의 대표적인 음악교육가 코다이는 어려서부터의 노래 부르기는 음악교육의 핵심이라 할 정도로 노래 부르기를 강조하였고, 루소와 페스탈로치도 사람의 목소리가 가장 아름다운 악기라고 하며 노래 부르기의 중요성을 강조하였다.

노래 부르기는 음악을 경험하고 학습하는 가장 직접적인 방법으로서 모든 영유아가 추후 습득해야 할 음악 표현 능력인 악기 다루기, 감상하기, 창작하기 활동을 도와주는 가장 기초적 활동이다. 노래 부르기 지도를 위해 교사는 영유아가 노래 부르기에 적합한 발성 가능 음역과 가창 최대 음역 등에 대하여 알아야 하고 특히 유아 개인의 음악적 표현능력을 인지한 후에 이에 기초하여 선곡을 해야 한다. 영유아 음역발달의 일반적인 경향은 연령이 높아질수록 확대되는데 저음에 비하여 고음의 확장 속도가 빠르고, 교사가 정한 곡보다 자신이 직접 선택한 곡을 부를 때 유아는 더 정확하게 부르며 높은 음정에서 보다 낮은 음정(d′ 이나 e′)에서 시작하는 노래 부르기를 더 쉬워한다(김영연, 2002). 따라서 교사는 노래지도를 할 때 지도하려는 곡의 첫 음의 위치에 관심을 가지고 유아들이 부르기 쉽도록 피아노 반주를 조옮김이나 조바꿈을 하면서 영유아의 노래 부르기 활동을 도와야 할 것이다. 이상의 활동에는 앞에서 설명한 고든의 음악교수법 중 새로운 노래지도법이 효과적이다.

(2) 악기 다루기

악기는 실제 소리 내는 원리를 보여 주는 시각적 매체이다. 따라서 악기 다루기 (Instrumental Performance)는 영유아에게 무엇보다도 소중한 예술 체험이라 하겠다. 언어적 의사표현이 서툰 영유아라도 악기를 통하여 표현을 할 수 있고 이러한 표현활동은 음악적 능력을 발달시키는 기초가 되며 또래와 함께하는 합주는 협동성과 사회성을 증진시켜 음악활동을 통한 자기성취감을 확인할 수 있는 좋은 기회를 제공하기도 한다. 따라서 교사는 악기를 다루기에 앞서 악기의 모양과 각각의 소리를 충분히 확인하고 살펴볼 수 있도록 악기 탐색의 기회를 영유아에게 충분히 제공해야 한다. 전시를 목적으로 유치원이나 어린이집에서 악기를 고정 장소에 보관하거나, 오직 교사만 악기를 사용하고 유아의 사용을 제한하는 것은 반드시 피해야 할 사항이다. 일상생활에서 영유아가 다양한 악기를 자기만의 독특한 여러 가지 방법으로 소리 내어 볼 수 있도록 허용하고 모든 악기를 영유아에게 개방하고 환경을 꾸미는 것이 필요하다.

영유아가 활용하기 쉬운 악기로는 마라카스나 핸드벨과 같이 흔들어서 소리 내는 악기, 윈드 드럼이나 기타와 같이 문지르거나 뜯어서 소리 내는 악기, 탬버린이나 트라이앵글, 리듬스틱, 우드블록과 같이 두드리거나 문질러서 소리 내는 악기, 하모니카나 멜로디언과 같이 불어서 소리 내는 악기 등 각각의 악기를 맘껏 만져 보고 반복하여 소리 내어 보는 일은 음색이나 음정, 음세기를 직접 경험하고 소리 만들기에 집중할 수 있는 좋은 체험의 기회이다.

(3) 음악 만들기

음악 만들기(Music Making)란 일반적으로 창작활동을 의미한다. 창작활동은 작곡가처럼 곡 전체를 새로이 만들어 내는 작곡활동과 곡의 일부분을 변형하여 재창조하는 편곡활동으로 구분된다. 그러나 영유아와의 음악 만들기는 지금 설명한 작곡이나 편곡보다는 훨씬 단순한 개념으로 접근하는 것이 좋다. 처음에는 노래의 일부분을 만들거나 변형하기에서 시작하여, 점차 만들어 내는 범위를 넓혀 나가야 한다. 한 마디나 두 마디(동기), 혹은 네 마디나 그 이상으로 확장하면서, 주어진 리듬만 변형하거나 새로 만들기, 또는 주어진 가락만 변형하거나 새로 만들기에서 출발하여 차츰 리듬과 가락 모두 변형하거나 새로 만들기, 노랫말을 개사하여 만들기로 발전시키면 음악 만들기 활동을 수월하게 진행할 수 있다. 따라서 영유아를 대상으로 하는 음악 만들기란 특정한 틀을 따르기보다 작은 범위에서 조금씩 확대해나가는 방식의 창의적인 모든 활동이라고 이해하고 접근하는 것이 바람직하다.

그럼에도 많은 영유아교사는 음악 만들기를 어려워한다. 그러나 언급했듯이 초기 음악 만들기 단계에서는 곡의 한 마디만을 제한하여 리듬이나 선율, 음색, 세기 등의 하나의 음악적 개념만을 선택하여 시작하면 오히려 이 활동은 재미있고 쉽게 전개될 수 있다. 이때 교사는 영유아가 만들어 내는 어떠한 형태의 소리나 음악이라도 칭찬을 해야 하며 이러한 영유아의 음악 만들기 활동이 보장될 수 있을 만한 적당한 공간과 충분한 시간을 제공하는 것이 매우 중요하다. 또한 활동의 마지막 단계에서 영유아가 만들어 낸 음악을 모아 바로 그 자리에서 교사가 피아노나 리코더 등의 악기로 다시 들려주거나 즉시 녹음하여 들려주기, 이어지는 다음의 활동에서 활용하기 등 활동의 결과를 영유아들과 적극적으로 상호작용하면 음악 만들기 활동에 활력을 불어넣을 것이다. 음악 만들기는 영유아교사가 관심을 두고 실행할 의미 있는 음악교육 내용이다.

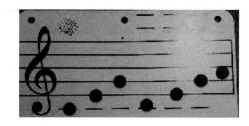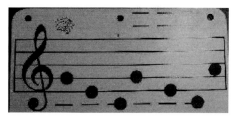

[그림 3-1] 음정 변형을 통한 일차적 음악 만들기의 예

(4) 동작으로 표현하기

영유아들이 음악에 대하여 가장 쉽게 반응하는 방법이 동작으로 표현하기(Body Movement)이다. 음악에 맞추어 동작으로 표현하는 활동은 음악이 나타내는 바를 추상적 또는 상징적으로 춤으로 표현하기와 음악에서 강조되는 개념을 구체적이고 사실적으로 동작으로 표현하기로 구분된다. 영유아에게는 이 모두는 친숙한 표현방법이므로 음악교육 내용으로서 적극 활용할 필요가 있다. 이때 안전을 전제로 풍선이나 리본막대, 한삼, 낙하산 등을 이용하면 동작을 자연스럽게 유도할 수 있고 반복적인 활동을 통하여 차츰 음악적 개념을 고려한 동작활동을 이끌어 낼 수도 있다.

[그림 3-2] 음악을 동작으로 표현하는 유아들

(5) 그림으로 표현하기

교육현장에서 영유아들이 흔하게 하는 활동 중 음악을 들으면서 그림 그리기가 있다. 음악교육적인 측면이 드러나는 배경음악을 그림으로 표현하기(Drawing) 활동을 하되, 음악에 담겨 있는 개념이나 요소가 미술 요소와 유사한 점이 있는지, 즉 음악과 미술의 공통개념 또는 요소를 찾아내는 것이 무엇보다 중요하다. 예를 들어, 드보르자크의 「유모레스크」를 들으면서 1단계에서 자유화를 그렸다면 2단계에서

 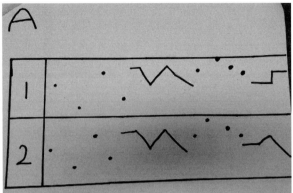

[그림 3-3] 음악적 개념 또는 요소를 점과 선을 이용하여 그림으로 표현한 예

는 점과 선으로만 표현하라고 안내함으로써 그 곡에 담겨 있는 스타카토와 레가토라는 음악적 요소를 점과 선이라는 미술 요소로 통합하여 이끌어 내도록 유도한다. 마지막 3단계에서 도화지를 사등분하여 「유모레스크」를 들으며 선과 점으로 그리라고 안내하면 영유아는 자연스럽게 스타카토와 레가토, 더 나아가 악구와 형식이라는 음악적 개념까지도 표현이 가능하다. 이렇게 통합된 다양한 활동을 통하여 각각의 특징적인 개념을 드러내는 활동이 원활하게 진행되기 위해 교사는 감상하고자 하는 곡에 담겨 있는 음악적 특성과 그 음악에 담겨 있는 두드러진 음악적 개념이 무엇인지를 영유아와 수업하기 전에 미리 찾아내는 준비가 필요하다.

(6) 이야기로 표현하기

이야기로 표현하기(Storytelling)는 「결혼행진곡」이나 「호두까기 인형」과 같은 표제음악의 일정한 주제(혹은 테마)를 반복하여 듣고 영유아에게 이야기를 꾸미도록해 보는 활동이다. 그러나 반드시 표제음악이 아니더라도 거쉰의 「랩소디 인 블루」또는 존 케이지의 「4분 33초」와 같은 현대음악도 영유아가 음악을 듣고 스스로 이야기를 만들 수 있는 기회를 주는 것도 좋다. 이렇게 감상의 폭을 넓히고 들은 후의 느낌을 영유아가 표현할 수 있도록 충분한 발표의 시간을 주거나 이야기 나누기에 연결하는 것은 매우 바람직하며 이야기나누기 한 결과를 모두 종합하여 추후 음악극으로 발전시킬 수도 있다(장은희, 2007).

2) 지식 습득으로서의 영유아음악교육내용

앞서 제시한 다양한 체험활동을 통하여 우리는 궁극적으로 잠재되어 있는 영유아의 음악적성을 발달시켜야 할 것이다. 따라서 노래 부르거나 악기연주하기, 감상하기나 몸으로 표현하는 동안 영유아는 음악 속에 내재된 음악적 개념과 요소를 습득함으로써 영유아의 음악성 발달로 이어질 수 있는데 바로 이러한 음악적 개념과 요소의 이해와 습득 자체가 영유아음악교육의 중요한 내용이 된다. 음악적 개념이란 요소의 상위내용으로서 각각은 다음과 같다.

(1) 가락

가락은 음의 높고 낮음과 길고 짧음의 유기적인 결합이다. 가락은 음악을 구성하는 가장 기본이 되는 요소로서 이는 작곡자의 생각과 느낌을 전달하는 기본적인 수단이다. 가락은 흘러가는 음악의 바탕을 이루는 소리의 선적인 움직임을 뜻하며 이는 모든 시대, 모든 민족에게서 볼 수 있는 근원적인 음악현상이다. 가락의 유형이나 양식은 음의 진행방향, 진행양상, 그리고 반복 및 변화의 원리에 따라 조직됨으로써 만들어지며 시대나 민족에 따라서 극히 다양한 모습을 나타낸다.

(2) 리듬

리듬은 길고 짧은 음과 침묵의 시간적 결합에 의한 진행질서를 뜻한다. 리듬은 모든 음악의 요소 가운데 기본이 되는 것으로 리듬에는 강·약과 장·단의 두 가지 요소가 있다. 소리의 길고 짧음을 바탕으로 하는 일정한 소리패턴은 박을 이루어 곡의 끝까지 일정하게 유지되고, 곡의 원활한 흐름을 일정하게 이끌어 가는 박자는 리듬의 하위개념으로서 곡의 느낌을 정하기도 한다.

(3) 음색

소리를 만들어 내는 물체의 재료와 구조, 크기에 따라서 만들어지는 소리파형은 독특한 소리색을 결정하게 되는데 이를 가리켜 음색이라고 한다. 구체적으로는 악기의 구조(몸통이 크거나, 작은, 전체 길이가 길거나 짧은, 속이 비거나 채워진 등)와 연주의 방식(긁거나, 두드리거나, 문지르거나, 뜯거나 등), 연주장의 건축구조(천장의 모양,

높이, 사각 공간, 원형 공간 등)와 음향 설비(방음 처리, 커튼의 유무 등)에 따라서 서로 다른 여러 모양의 파형을 생성하고 이것이 복합되어 또 다른 복합화음을 만들어 내는데 이때 만들어지는 소리의 성질이 나름대로 특색 있는 음색의 악기소리와 목소리를 만든다.

(4) 셈여림

셈여림은 음의 셈과 여림의 정도를 나타내는 것으로 셈여림의 지시는 악곡의 표정이나 성격을 더욱 자세하고 명확하게 나타내준다. 일반적으로 셈여림 기호는 곡의 일정 부분에 적용되는 고정된 셈여림과 점차로 변화되는 셈여림, 갑작스러운 셈여림이 있다. 고정된 셈여림으로는 피아니시모(pp: 매우 여리게), 피아노(p: 여리게), 메조피아노(mp: 조금 여리게), 메조포르테(mf: 조금 세게), 포르테(f: 세게)가 있다. 점차로 변화되는 셈여림에는 크레센도(cresc: 점점 세게), 데크레센도(decresc: 점점 여리게)가 있으며 갑작스러운 셈여림에는 스포르잔도(sf: 특히 세게), 포르테피아노(fp: 세게 곧 여리게) 등이 있다.

(5) 빠르기

빠르기는 단위 박의 진행 속도를 말한다. 빠르기는 보통 빠르기를 기준으로 하여 아주 빠르게부터 아주 느리게까지 여러 가지 고정된 빠르기와 점점 빠르게, 점점 느리게 등 점차적으로 변하는 빠르기가 있다. 곡의 빠르기는 음악의 분위기에 영향을 주며 같은 곡이라도 빠르기에 따라 느낌이 달라진다. 일반적으로 빠른 곡은 느린 곡보다 좀 더 경쾌한 느낌을 주며 느린 곡은 조용하고 온화한 분위기가 된다. 그리고 빠르기와 박자를 또는 빠르기와 세기를 혼동하는 사례를 많이 보는데 이 둘은 다른 개념들이다.

(6) 형식

형식이란 악곡을 구성하는 조직, 즉 악식을 뜻한다. 리듬, 멜로디, 셈여림, 화성 등의 요소들이 심미적인 의미를 전달하기 위하여 전체적인 음악적 디자인으로 배열되고 조직되었을 때 그 결과로서 음악의 형식이 만들어진다.

(7) 장단(장단형, 박, 빠르기)

서양음악에서 박(beat)은 소리의 길고 짧음에 의해서 이루어지는 시간적인 최소의 단위이며 음악에서 느껴지는 파동을 뜻한다. 여러 박이 모여서 일정한 시간적 길이를 이룰 때 박자(meter)가 된다. 박자는 센박과 여린박이 규칙적으로 되풀이되면서 형성되는 리듬의 기본적 단위로서 이는 리듬활동의 기초가 되고 곡의 성격을 정해 준다. 박자는 한 마디 안에 포함되는 단위음표(1박으로 세는 음표)의 수에 따라서 다양한 종류의 박자가 형성될 수 있다. 또한 한 마디 안의 박의 강세 패턴에 따라 강, 약의 반복인 2박자계나 강, 약, 약의 반복인 3박자계, 그리고 강, 약, 중간, 약의 4박이 있으나 이때 4박은 2박자계로 묶일 수 있다. 즉, 박자는 크게 duple(2박계)과 triple(3박계)로 나뉘고 이 중의 2박을 하나의 묶음으로만 택하느냐 아니면 둘의 묶음으로 택하느냐에 따라서 홑박자(2/4, 3/4, 3/8), 겹박자(4/4, 6/8, 9/8), 혼합박자(5/4, 7/4, 11/8 등)로 달리 구분한다.

그러나 서양음악과 달리 국악에서는 박이란 호흡의 길이를 뜻하는 것으로 호흡에 기초하여 서로 다른 모양의 장단형으로 음악을 꾸려 간다. 여러분이 잘 알고 있는 단모리, 세마치, 굿거리, 자진모리, 휘모리장단 등이 장단형에 속하며 특히 단모리와 세마치는 대다수 전래동요의 장단형에 속한다. 장단형은 빠르기와도 관계가 있으며 중모리가 느린 장단형이라면 휘모리는 빠른 장단형이라고 할 수 있다.

(8) 조성

조성이란 으뜸음에 의하여 질서와 통일을 갖게 되는 여러 음이 모인 음조합의 체계적 현상이다. 조성은 보통 두 가지의 의미로 사용된다. 첫째는 하나의 조가 가지고 있는 특성을 장조와 단조로 구분하여 사용하는 용어이고, 둘째는 어떤 음을 기본음(으뜸음)으로 하는가에 따라 조의 특성을 드러내는 용어이다. 따라서 조성에는 영유아음악에서 흔히 활용되는 다장조, 바장조, 사장조나 가단조뿐 아니라 중세 음악의 특징인 도리안, 리디안, 믹솔리디안, 에올리안 등의 익숙하지 않은 이름도 있다.

(9) 음역

음역이란 노래를 부를 때 소리를 낼 수 있는 최저음부터 최고음까지의 범위를 말하며 그 범위는 다음의 기타 음이름표의 설명과 같이 표기한다.

(10) 기타
① 음이름표(note name)

우리나라-다 라 마 바 사 가 나 다

영국 등-c d e f g a b c

이태리-도 레 미 파 솔 라 시 도

② 음정(interval)

음정은 음과 음 간의 거리를 뜻하며 거리는 도수로 나타낸다. 예를 들면, 장2도, 장3도, 장6도, 장7도, 단2도, 단3도, 단6도, 단7도, 완전1도, 완전4도, 완전5도, 완전8도의 협음정과 증1, 2, 3, 4, 5, 6, 7, 8도, 그리고 감1, 2, 3, 4, 5, 6, 7, 8도의 불협음정이 있다.

③ 시김새(Korean traditional methods of vocal decoration)

국악에서는 꾸밈음을 일컬어 시김새라 한다. 국악만이 갖는 독특한 요소로 농현을 얘기하기도 하는데 농현은 시김새의 일부라고 할 수 있다. 시김새는 성악과 기악을 포함한 모든 우리 음악의 연주에서 발생되는 미세한 음과 리듬의 변화, 떨림, 장식음 등의 독특한 연주기법이나 이와 같은 기법에 따른 음악적인 아름다움과 멋이라 정의하기도 한다. 결국 시김새는 가락의 자연스러운 연결이나 유연한 흐름을 위하여 또는 화려함과 멋스러움을 위하여 특별한 어느 음에 부여되는 요성(농현-떠는 음), 퇴성(꺾는 음), 추성(밀어 올리는 음), 전성(굴려 내는 소리)과 같은 표현 기능을 포함한다고 할 수 있다(박형신, 2006).

3) 수업 구성으로서의 영유아음악교육내용: 예술과 타교과 간의 통합

교육과정 중에 예술을 온전하게 구현해 내기 위해서 교사가 예술의 본질에 대해 얼마나 잘 이해하고 있는가는 질 높은 수업을 위한 매우 중요한 요소이다. 만약 교사가 예술의 각 장르에 내포된 예술의 본질을 이해하지 못한다면, 예술을 학문으로 이해함을 통하여 다른 교과와 통합하기란 매우 어려운 과제이며 실패하기가 쉽다. 따라서 통합에 앞서 교사는 예술과 통합을 하고자 하는 여러 교과 간에 다음 중 어떠한 공통점이 있는지에 대하여 확인하는 것이 필요하다.

① 인지: 알아차리고 생각하는 것, 예를 들어 시(詩)와 음악을 감상하면서 여기에 담긴 반복이나 대비 등의 패턴을 발견할 수 있는가
② 반응: 묘사, 토의, 느껴 보기, 표현해 보기를 하면서 개념화를 돕는 재현의 과정을 경험하도록 하는가
③ 기술: 예술의 다양한 재료와 과정을 창의적으로 다루는 방법을 알고 있는가
④ 평가: 평가하고 비판하기에 대하여 개방적인가
⑤ 이해: 구성 요소, 구조, 역사적 배경, 문화적 특징을 알고 전체를 개념화할 수 있는가
⑥ 창의적 활동: 아이디어를 반영하여 창조하기에 적극적인가

〈표 3-1〉에서는 학습자의 이해를 돕고자 타교과와 예술의 통합이 가능한 요소를 나열해 보았다.

표 3-1 예술의 다양한 양식

① **시각예술**: 회화, 조소, 스케치, 직물공예, 조각, 판화, 서예, 보석세공, 의상/의류, 인형, 가면, 도예, 장식예술, 건축, 조경디자인, 인테리어디자인, 그래피티

② **드라마**: 극장, 인형극, 마임
　문학: 소설/전래동화, 시, 희곡
　춤: 민속춤, 의식무용과 극무용, 순수무용

③ **미디어**: 사진, 비디오, 영화, 레이저 예술, 컴퓨터 미술, 혼합양식

④ **음악**: 민속음악, 순수예술음악, 대중음악, 종교음악, 악기

(1) 사회 교과와 예술의 통합

우리가 문화에 대해 알고 이해하는 많은 것이 예술을 통해 이루어지기 때문에 사회 교과와 예술은 자연스럽게 연결된다. 문화적 측면의 예술 연구는 문화가 높게 평가하는 것, 문화를 독특하게 만드는 것, 문화에 바람직한 자원, 문화가 바뀌는 방법 등에 대한 관점을 갖게 해 주고 예술은 우리가 문화 안에서 서로 다른 개인을 이해하도록 도움으로써 풍부한 자원이 된다. 일기나 이야기, 노래, 시, 연극, 미술작품 등을 통해 한 개인에 대해서 알아 가는 일은 그 자체가 예술적 경험의 과정이다. 이러한 교육과정을 중요하게 다룰수록 예술은 풍부한 통합의 자원이 된다. 그런 관점에서 이 책의 제8장 예비교사와 현직교사 또는 자기주도적 학습대상자를 위한 영유아음악교육 강의안에서는 매 차시 수업의 시작인 출석 확인의 방법을 어제의 나의 오감, 오늘의 날씨, 오늘 나의 하루 계획 등 일상생활에서 접할 수 있는 느낌이나 생각과 관련된 단순한 주제를 자유롭게 리코더로 대답하도록 하는 것으로 수업을 짜 보았다.

예술의 다양한 양식은 〈표 3-1〉에서와 같이 ① 시각예술은 사람들에게 즐거움을 준다는 그 자체로 예술적 가치가 있다. ② 드라마는 스타일과 테크닉을 갖추어 감수성을 자극하도록 연주되거나 행해지는 것들이며, ③ 미디어는 문화적인 목적, 실용성, 가치가 인정되고 연구되는 것들이다. 그리고 ④ 음악은 역사적인 맥락으로 구분할 수 있다. 이러한 요소들이 각 교과와 어떻게 통합될지는 교사의 선택에 달려 있는 사항으로 이 또한 음악교육 수업내용에 해당된다.

〈표 3-2〉는 우리나라 문화유산에 담긴 예술양식을 통합하는 일련의 활동들에 대한 아이디어를 제시하고 있다. 왼쪽 칸은 예술을 활동적인 측면에서 접목시킨 것을 보여 주고 오른쪽 칸은 보다 전체적인 접근으로서 예술양식을 문화적 맥락 안에서 찾아봄으로써 지역사회의 특징적 문화에 담긴 예술적 양식에 대한 감수성을 키우도록 하였다. 제시된 활동의 예가 다소 어려울 수도 있으나 영유아교사가 통합교과에 대한 지식을 습득하여 통합의 요소와 개념을 구성해 봄으로써 영유아에게 적합한 통합 활동으로 접목시켜 나가는 요령을 습득할 수 있다. 주어진 빈칸에 여러분이 생각하는 통합방식을 자유롭게 적어 봄으로써 통합의 기술을 쌓아 보는 것도 좋겠다.

표 3-2 우리나라 문화유산에 담긴 예술적 특성 통합의 예

행동적 접근	통합예술적 접근
뱃노래를 부르면서 거북선의 노를 젓는 동작을 해 본다.	해안지역에서 불리는 뱃노래를 전통 스타일로 배운다. 배의 출항지를 정하여 지도에 표시하며 행로를 확인한다. 거북선에 탄 모양으로 그룹을 짓고 노의 길이와 모양도 결정한다. 거북선은 바다를 건너 올라간다. 날씨는 온화함을 알 수 있나? 폭풍우가 치는가? 어떻게 알 수 있는가?(노래가 부드럽게 이어지므로 온화하다.) 박자에 맞춰 노를 젓고 도착지에 도착하면 어디로 온 건지, 온 목적은 무엇이었는지 극으로 표현해 본다. 〈유아에게 적합한 쉬운 활동으로 변형시켜 적어 보세요.〉
지리산의 전설은 어떻게 유래된 것인지 이야기해 본다.	전설의 목적은 무엇일까? 산에 대해 우리가 알고 있는 과학적 지식과는 무엇이 다른가? 남부지방 사람들에게 산은 어떤 의미를 지닐까? 전설을 동작이나 북을 곁들여 드라마틱하게 이야기하는 것을 배운다. 자기가 사는 동네가 어떻게 유래되었는지에 관한 전설을 만들어 본다. 〈유아에게 적합한 쉬운 활동으로 변형시켜 적어 보세요.〉
첨성대 그림에 색칠을 해 보고 그림을 잘라서 우유팩 종이에 붙여 본다.	전망대의 종류와 그 모양에 대해 알아본다. 각각의 형상이 어떤 의미를 담고 있는지, 전망대의 모양이 왜 서로 다른지에 대해 배운다. 굵은 선, 대칭, 곡선, 외곽선 모양, 붉은색, 검은색, 흰색이 의미하는 바를 알아본다. 첨성대에는 왜 돌이 쓰일까? 전통적인 방법으로 가족이나 학교에 연관된 상징적인 전망대를 만들어 본다. 지역 주민 건축가를 초청하여 이야기를 들어 본다. 〈유아에게 적합한 쉬운 활동으로 변형시켜 적어 보세요.〉
'하회탈춤'을 배우고 북과 딸랑이로 반주해 본다.	다양한 춤이 의식과 어떻게 연관되어 있는지를 배운다. 의식과 춤에 관한 역사자료를 감상한다. 춤의 특징과 반주악기를 관찰한다. '하회탈춤'만의 특징은 무엇인가? 직접 악기를 만들고 장식해서 춤을 출 때 반주악기로 쓴다. 〈유아에게 적합한 쉬운 활동으로 변형시켜 적어 보세요.〉

(2) 과학 또는 수학 교과와 예술의 통합

과학과 수학은 예술과 다소 거리가 있으나 다음과 같은 일반적인 통합 가능성은 존재한다.

① 음계는 전자음으로 측정이 가능하고 주파수에 따라 조율되므로 유아는 신디사이저를 사용하여 다양한 악기 소리를 내어 봄으로써 다른 문화 음계를 체험할 수 있다.

② 피아노 건반이나 북에 콩을 놓아 두드려서 소리진동의 원리, 소리파장을 보고 느끼는 등 진폭, 배율, 소리의 길이와 음고 등 소리에 대한 과학적 원리를 발견할 수 있다.

③ 음정의 배열을 수학의 방정식처럼 대칭적으로 표현하면서 이런 원리가 시각적으로 표현된 예술품을 발견해 본다.

④ 중동지역의 양탄자는 수의 원리에 의한 대칭적 패턴으로 만들어진다. 유아는 여러 가지 색깔과 모양으로 디자인한 숫자들을 사용하여 자신만의 시각미술작품을 만들 수 있다.

⑤ 기본적인 기하학 문양은 시각 미술만큼 수학을 기반으로 한다. 유아는 미술작품을 만들기 위해 여러 모양을 조합할 수 있다. 또한 이를 혼자 추는 독무 또는 여러 명이 함께 추는 군무로 표현할 수 있다.

⑥ 유아는 음계의 각 음에 숫자를 붙여 다양한 조합으로 연주할 수 있다.

⑦ 자연은 패턴을 가지며, 수학은 자연을 설명하는 과학의 다른 한 종류이다. 자연 속의 다양한 패턴을 소재로 창작해 본다(예: 나뭇잎이나 꽃잎).

⑧ 통합 교육과정의 주제적 접근과 같이 예술과 예술의 과정은 과학이나 수학과 연관된 주제와 통합될 수 있다. 고래에 관한 주제를 예로 들어 보자. 유아는 크기, 모양, 디자인이 각각 다른 자기들만의 고래를 만들 수 있다. 고래에 관한 여러 가지 음반자료를 들어 보고 작곡자들이 고래의 소리를 어떻게 음악적으로 표현했는지 알아본다. 고래가 소리를 내면서 어떻게 소통하는지를 배우고, 이를 음악 만들기의 소재로 삼을 수도 있다. 고래의 움직임을 동작으로 표현해 볼 수 있고, 고래잡이 노래를 배우고 그 기원에 대해서도 알아본다. 고래잡이 배의 항로와 선원들의 삶에 대해 배우면서 한국의 악기 나각(螺角) 연주나 춤을

도입할 수도 있고 선원들의 삶과 문화에 대해서도 배울 수 있다.

(3) 문학 교과와 예술의 통합

언어예술에 예술이란 단어가 포함되어 있음에도 언어예술을 가르치는 것은 읽기, 문법, 쓰기, 구두법, 철자법 등으로 그 범위가 제한되어 왔다. 예술은 영유아가 소리내기, 읽기, 쓰기, 말하기 등 언어 사용을 자극할 수 있도록 풍부한 경험을 제공하므로 다음과 같은 다양하고 창의적인 방법을 통해 유아에게 적용해 보기를 제안한다.

① 유아는 노래를 배우고 가사에 나오는 단어와 삽화로 읽기 공부를 한다.

② 좋아하는 노래를 유아가 스스로 삽화로 그려 책으로 만든다. 예를 들어, 「작은 별」 노래라면 아이들은 별 그림을 그려 넣을 것이다.

③ 신체 타악기 반주를 덧붙인 리듬과 함께 철자를 익힌다. 오스티나토를 만들거나 단어 음절에 맞는 리듬패턴을 사용할 수 있다.

④ 강박과 약박의 반복적 패턴을 정하고 다양한 소리로 강약를 표현할 수 있다.

⑤ 음악에서 쓰인 단어의 철자를 익히고 쓰기도 연습한다.

⑥ 녹음된 음악을 들으며 단어 저장능력을 발달시키고 단어들을 사용하여 음악에 관한 시나 이야기를 쓴다. 시나 이야기를 읽어 줄 때 배경음악을 사용한다.

⑦ 유명한 작곡가나 음악가에 관한 책을 읽은 후 음악을 감상한다. 음악에 관한 이야기책이나 그림책을 만들고 작곡가의 일생에 관한 이야기를 만들어 말을 만들고 부분적으로 음악 만들기를 하여 우리 반의 노래를 창작해 본다.

(4) 기타: 통합예술교육과정 구성의 유의점

가장 효과적인 통합교육과정 모델의 선택을 위해 영유아교사는 시간, 초점, 전문성, 참고자료, 협동, 평가 등 여러 가지 측면에서 다음 사항을 살펴야 한다. '예술전문가의 협조와 도움을 받을 수 있는가? 경제적인 측면에서 자료 조달이 시간적·공간적으로 가능한가? 프로그램에서 제시하는 활동의 목적 진술이 분명한가? 통합교육과정이 균형적이면서 진정으로 통합적인가? 가치 있고 의미 있는 내용으로 구성되었는가? 개념과 활동이 논리적인 질서를 제공하도록 계열화되었는가? 교재와 자료들은 풍부한 경험을 제공하며 영유아들이 다양한 다른 관점을 탐색할 수 있기에 충분한 유동성을 지니고 있는가? 하나의 주제나 제목에 얼마나 많은 시간이 소요될 것인가? 통합교육과정에 대한 평가는 어떻게 할 것인가?' 등 세심한 계획이 필요하다.

교육과정을 통해 예술을 통합하여 예술적 환경을 만들어 주는 것은 영유아와 교사의 삶을 보다 풍요롭고 아름답도록 돕는다. 만일 이러한 점들이 교실 현장에서 지켜진다면 우리는 춤과 음악이 일상생활인 아프리카 원주민들의 '우리에게 별도의 예술은 없습니다. 우리는 우리가 할 수 있는 것을 할 뿐입니다.'라는 공동체적 통합의 삶을 뜻하는 용어 '우분투(Ubuntu)'(ISME, 1998)처럼 예술은 곧 우리 모두의 일상생활이자 삶이 될 것이다. 이를 위해 다음의 질문에 대하여 생각해 보면서 예술통합에 대한 정리를 하도록 하자.

① 타교육과정과 예술 통합의 방해 요소는 무엇인가?
② 진정한 통합의 필수 요소는 무엇인가?
③ 통합교육과정에서 필요한 전문예술인력, 학부모, 지역 예술가, 영유아교육기관 교직원에 대한 정보와 각각의 역할은 무엇인가?

● 참고문헌

김영연(2002). **유아음악교육론**(개정판). 서울: 학지사.

박형신(2006). 유아국악능력 검사도구 개발연구. 전남대학교 대학원 박사학위청구논문.

석문주, 장순양, 허정미, 유선옥, 허신영, 김정환, 송용자(2004). **음악적 성장을 위한 음악과 교수-학습지도**. 서울: 풍남.

장은주(2007). 현직교사를 위한 유아음악교육 프로그램 모형개발. 이화여자대학교 대학원 박사학위논문.

장은희(2007). 동화에 기초한 유아음악극 프로그램 구성 및 효과연구. 덕성여자대학교 대학원 박사학위논문.

ISME(1998). Ubuntu. *Abstracts of papers, workshops & demonstrations*. Pretoria, South Africa.

II부

영유아음악교육
이론의 적용

제4장

영유아음악지도법

제4장에서는 영유아를 대상으로 실제 음악지도를 할 수 있는 방법을 살펴본다. 영유아에게 노래를 지도할 때
필요한 영유아의 음악에 적합한 음역조절과 노래곡 선택의 요령을 알려 주고, 고든의 오디에이션에 기초한 새
노래 지도 방법 등을 설명하였다. 그리고 악기의 종류와 악기 다루는 법, 음악적 개념 지도 목적의 통합적 음악
감상 방법과 감상 후의 다양한 표현방법, 창의적인 음악 만들기, 자유로운 표현을 목적으로 하는 움직임, 음악
적 개념을 고려한 움직임 등 다양한 목적의 동작지도 요령을 이 장에서 소개한다.

1. 영유아의 연령별 가창력 발달 수준

영유아의 음악활동은 영유아의 음악적 능력 발달은 물론이고 인지적, 사회적, 신체적, 언어 발달과 함께 창의적 표현능력의 발달에 목적을 둔다. 노래하고 춤추는 활동은 영유아가 가장 빨리 그리고 쉽게 접하는 분야로서 영유아교사는 이런 활동을 통하여 영유아 자신의 감정을 표현하도록 하고 영유아의 자발적인 참여는 창의성과 자기존중, 현실에 대한 수용가능한 감각적 자극을 유발하기도 한다. 영유아의 음악적 표현은 매우 다양한데 그중 가장 쉽게 접할 수 있는 활동이 노래 부르기이다.

영유아의 가창력 발달은 언어발달과 병행하여 다음과 같은 발달 단계를 거친다. 초기 발달 단계라 할 수 있는 0세부터 3세의 영유아는 쿠잉(cooing: 6개월 미만의 영아가 만드는 '구구' 등의 모음소리)이나 옹알이라 하는 베이비 토크(baby talk: 만 1세에 활발), 그리고 주변에서 들리는 여러 가지 소리의 모방 과정을 거쳐 영유아로 하여금 노래의 원시적 형태라고 불리는 라임(rhyme: 운율을 뜻하며 '도리도리' '쥠쥠' 등이 좋은 예이다)이나 찬트(chant: 간단한 리듬패턴의 2~3음을 반복하는 읊조림에 가까운 노래. 예를 들면, '아침바람')를 가능하게 하며 이런 활동은 영유아의 성장과 더불어 차츰 노래 부르기 활동으로 발전을 한다. 특히 생후 2개월부터 시작하는 쿠잉과 음악적 소리모방기를 거친 만 1세 영아는 노래 소리에 맞추어 아무렇게나 자기 몸을 흔들고 발도 구르는 표현을 하기도 한다.

그러다가 만 3세 이후부터는 비교적 노래를 곧잘 부르기 시작하는데 이때에는 정확하게 음정이나 리듬을 표현하기보다는 대강의 리듬패턴을 곡의 흐름에 의존하여 적당하게 노래한다. 그러나 만 4세가 지나면 비교적 정확한 음정으로 노래를 부르게 되는데 그렇지만 아직도 소리를 내는 범위, 음역에는 제한을 받으므로 지나치게 낮은 음이나 높은 음의 표현은 어려워한다. 특히 만 4세 진후 유아에게 나타나는 재미있는 현상은 여러 노래의 가사와 가락을 복합적으로 섞어서 부르는 것이다. 영유아가 알고 있는 노래가 많으면 많을수록 섞음의 정도는 심하다. 그러나 이런 현상은 걱정거리가 아니라 오히려 음악적인 성장 면에서 건강하게 잘 자라고 있다는 증거이다.

한편, 만 4~5세 사이의 유아는 비교적 정확하게 노래를 부르지만 음역에는 제한을 받는다. 따라서 이 시기에는 유아의 음역에 맞는 곡을 선정하는 요령과 그리고 선택된 곡이 유아의 음역에 맞지 않더라도 교사가 그 곡을 소개하려고 할 때는 음역에서 벗어난 음을 끌어내리거나 위로 올려서 곡 전체의 음역을 영유아에게 맞추어 조절하는 지도 요령이 필요하다.

만 5세가 되면서 유아의 가창음역도 확대되고 음정도 정확해지며 노래 부르기와 동시에 활발한 신체표현도 함께 진행할 수 있다. 2부 합창이나 돌림노래도 가능하다. 따라서 이 시기의 영유아에게는 좀 더 다양한 방법의 음악적 접근이 필요한데, 예를 들면 노래게임(예: 첫 음만 듣고 불러 보기, 부분만 듣고 이어 부르기, 리듬으로만 불러 보기 등)이나 묻고 대답하는 문답송(call & response 또는 question & answer song, 예: 전래동요 '나무타령' '우리집에 왜 왔니'), 즉흥변주(improvisation: 부분적으로 한 마디의 음정만 바꾸기, 또는 리듬만 바꾸기 등), 노래 만들기(song writing: 동시를 짓고 곡을 붙여 보기) 등의 여러 가지 방법으로 지도하는 것이 좋다.

영유아들에게 가락, 리듬, 음색, 세기, 빠르기, 형식 등의 여러 가지 음악적 개념 중 가장 늦게 습득되고 표현되는 개념이 리듬감이다(Zimmerman & Sechrest, 1968). 따라서 좋은 동요란 복잡한 리듬꼴의 사용이 많지 않은 곡이다. 예를 들어, 점8분음과 16분음의 빈번한 연결은(♪ ♪ ♪ ♪ ♪ ♪ ♩) 영유아들이 듣기는 좋아하지만 정확하게 표현하기에는 무리가 있고 4박자 온음의 표현도 영유아의 호흡으로는 길기 때문에 지키기 어렵다. 당김음(syncopation: 보통 때는 약박인 부분에서 이음줄이나 붙임줄에 의하여 다음 음과 연결되거나, 또는 앞의 음이 쉼표인 이유로 인하여 약박이 강박으로 바뀌는 특이한 음악 현상 ♪ ♩ ♪ ♩ ♪ ♩)이나 반복되는 셋잇단음표(♫♪)의 곡은 영유아에게 어려운 음악적 소재가 된다.

유아가 잘 반응하는 박자에 대한 연구결과는 일정하지 않다. 1970년대 이후의 연구는 유아는 2박과 4박을 3박보다 친숙해한다고 보고했는데(김성렬, 1970) 이 연구 결과에 따른 영향인지는 몰라도 이 시기 이후 제작되어 교사들에게 보급된 문교부 제작 유아교육 자료집(1989)에는 주로 2박과 4박 중심의 곡이 수록되어 있었다고 한다.

그러나 1980년대 이후 우리나라 유아를 대상으로 실시한 여러 음악 연구(김영희, 1982; 승진숙, 1985)에서는 유아의 리듬 발달을 살펴보니 3박자에 대한 반응이 4박자에 대한 반응보다 높다는 연구결과를 알림으로써 일관성이 흩어졌다. 이와 같은 현상은 2박과 4박에 기초한 외국곡 중심의 유치원 노래지도가 우리나라 동요 작곡가에 의해 점차로 3박 사용이 활발한 창작 동요곡으로 바뀌지 않았나 유추하게 하며, 아울러 세계화를 강조하기 시작한 1980년대 중반 이후의 유, 초, 중등교육과정에서 3박에 기초한 우리나라 전래동요가 교과과정에 많이 포함되었음을 볼 때 활용곡의 특징도 시대적 흐름에 따른 변화로 해석할 수 있다. 그런데 3박에 친숙한 우리나라의 전래동요와는 달리 일본의 전래동요는 3박곡이 전혀 없어 일본 어린이들은 3박 표현에 미숙하다는 점도 음악교육학자들 간 종종 흥미롭게 논의되는 것을 볼 때 주로 활용하는 음악적 개념에 대한 문화적 차이가 있음을 알 수 있다.

2. 영유아를 위한 노래곡 선택의 기준

영유아가 즐겨 부르는 노래의 가사는 영유아생활과 직접적인 관계가 있다. 영유아의 정서와 생활을 그대로 드러내는 내용, 어른과는 다른 영유아의 독특한 생각과 경험이 담긴 내용의 곡을 영유아는 좋아한다. 즉, 문학적 가치에 있어서도 노랫말은 영유아의 성격과 정서를 정화시키고 아름답게 하며 가사도 단순하고 음률적인 반복이 많아야 노래 부르는 과정에서 영유아에게 만족감을 주듯이 복잡한 내용보다는 단순한 내용이 영유아의 기분이나 감정에 더 호소력이 있다. 또한 그 속에 담긴 내용이 영유아의 일상생활에서 접하는 사람들과 관계되는 것일수록 더욱 친근해한다. 따라서 동요의 노랫말은 다음의 조건을 필요로 한다.

첫째, 영유아가 경험한 내용의 가사, 영유아에게 아름다운 상상을 유발하는 가사, 노래 속에서 새로운 사실을 발견할 수 있는 가사로 영유아가 기쁨과 흥미를 느낄 수 있도록 해야 한다. 자연과 계절, 친구, 가족(예: 아빠 힘내세요, 곰 세 마리), 지역사회 사람들(예: 소방관 아저씨, 경찰관 아저씨 등), 동식물이나 동화 주인공(예: 흥부와 놀부, 신데렐라), 극화놀이나 게임(예: 말타기, 가게놀이)은 좋은 예이다(신현득, 1994).

둘째, 동요의 노랫말은 영유아 자신이 '그 노래의 주인이다'라는 감정을 유발할 수 있도록 영유아의 생활과 밀접한 관련이 있어야 한다. 1920년대와 1930년대의 우리나라 동요는 애국애족을 중심 주제로 하였는데 오늘날 우리나라 영유아들이 즐겨 부르는 노래는 교육기관에서 일어나는 영유아를 위한 여러 가지 행사(예: 생일,

소풍, 졸업식 등)와 친구, 계절, 자연 등에 치우쳤다. 즉, 동요의 주제는 시대의 흐름
과 가창자의 생활을 반영하는 것으로 노랫말 또한 시대 변천에 따라 얼마든지 변화
할 수 있으며 상황에 따른 노래 주제는 그 시대의 가족상과 사회상을 반영한다고도
할 수 있기에 교사는 현재 영유아의 생활이 묻어나는 흥미 있는 주제의 노래를 선택
해야 한다.

셋째, 영유아곡의 노랫말은 교훈적이어야 한다. 노랫말을 통하여 기본 생활 질서
를 배우고 영유아교육과정에서 다루는 다양한 영역의 교과내용이 전달될 수 있다.

표 4-1 누리과정 주제 관련 문학적, 음악적 특성에 따른 동요 목록

주제		곡명(작곡자)	문학적 특성		음악적 특성					
			대상	외적 형식	가락	리듬	음색	세기	빠르기	형식
나와 즐거운 유치원		안녕(김성균)	인물		✓					✓
계절	봄	봄님(김성균)	자연			✓				
		개구리(김성균)	동물				✓			
	여름	고기잡이(윤극영)	동물		✓					
	가을	가을(김성균)	자연				✓			
	겨울	하얀나라(김성균)	자연	수사적						✓
동물		무엇을 주련(이선민)	동물	문답	✓					
가족과 이웃		우리동네(김성균)	인물		✓					
건강한 몸과 마음		싹싹 닦아라(작자 미상)	동작					✓		
		머리 어깨 무릎 발(외국곡)	인물			✓				
교통기관		건너가는 길(김성균)	자연			✓				
우리나라와 다른나라		우리나라(김성균)	자연		✓	✓	✓			
도구와 기계		시계(유경손)	언어	의성어	✓		✓		✓	
지구와 환경		농약은 싫어요(작자 미상)	자연			✓				
특별한 날들		생일축하노래 (외국곡)	인물			✓				

이렇게 영유아에게 적합한 동요를 선택할 때에는 노랫말이 지니는 문학적인 면과 음악적인 면을 동시에 살펴야 하며 특히 음악적 특성은 문학적 특성 우위에 있어야 한다. 문학적 특성에는 노랫말의 주제, 병렬형식, 음수율, 반복의 정도가 있고, 음악적 특성에는 가락꼴, 리듬꼴, 곡의 길이, 음역, 형식, 빠르기 등이 있다. 교사는 각 동요에 담겨 있는 음악적 특징과 문학적 특징을 동시에 파악하여 교육대상 영유아 연령에 적합한 곡인지를 판단해야 하고 그 과정을 거쳐서 선택한 곡에 내재된 음악적 개념을 수업에서 자연스럽게 연결시켜야 한다. 〈표 4-1〉은 누리과정 생활주제와 문학적, 음악적 특징을 연결하여 살펴본 동요곡 목록이다.

영유아의 연령에 적합한 동요를 선택하기란 쉽지 않다. 음역이 영유아에게 적절한데 노랫말이 너무 어려운 경우도 있고, 리듬꼴과 노랫말은 적절하지만 곡의 길이가 너무 길거나 오히려 짧아서 부적절한 경우도 있다. 또한 리듬꼴, 음역, 노랫말 등 모든 조건은 적절한데 음역이 맞지 않을 때도 있어서 각 발달 연령에 적합한 곡을 선택하는 일은 교사 스스로 풍부한 음악적 경험이 없다면 해결하기 어렵다. 따라서 동요를 선택할 때 다음 〈표 4-2〉에서 제시하는 선택 기준의 요건을 일일이 살펴서 지도하고자 하는 영유아의 가창능력에 가장 적합한 곡을 고르도록 노력해야 한다. 만약 음역을 제외한 다른 모든 요건이 적합할 때에는 조(key)를 바꾸어 부르거나 음의 일부분(첫 음이나 최고, 최저음)을 조절하여 영유아에게 노래를 지도하는 요령도 필요하다.

표 4-2 음악적 특성을 고려한 동요 선택의 기준

곡명/특성	리듬꼴	음역	곡의 길이	노랫말	추천 대상
허수아비 아저씨	♪♪♪♪♩♩	c′-c″	12마디	복잡*	만 5세
시계	♪♪♪♪ *	c′-c″	8마디	단순	만 3, 4세
겨울바람	♪♪♪♪♩♪*	c′-b′	16마디*	복잡	만 5세
새빨띡	♬♩♩♩♪*	c′-b′	16마디	단순	만 4세
나비노래	♩♪♩♪	c′-d′*	8마디	보통	만 5세

*는 선택의 우선 요인

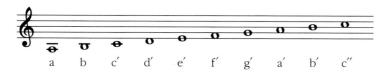

3. 영유아 노래지도 방법

1) 가창능력을 고려한 음역 조절의 요령

음악적인 특성이나 노랫말이 영유아들에게 적합할지라도 음역이 너무 넓으면 지도하기 곤란한 경우가 있다. 이럴 때는 음정이 너무 낮거나 높은 부분을 끌어 내리거나 높이 올리는 방법으로 해결하고 리듬패턴이 너무 복잡할 때는 지나치지 않는 한 일부 리듬을 수정하여 영유아의 실제 음역과 리듬표현에 맞도록 고쳐도 무방하다.

우리나라에서 과거 20년 동안 발표된 영유아를 위한 동요분석에 관한 연구는 노래의 조와 박자, 그리고 그 곡의 대표적인 리듬꼴 등을 분석하는 일에 집중하였다. 그러한 연구결과에 의하면 영유아들이 부르기 쉬운 동요는 다장조, 바장조, 사장조의 순이라는 점은 잘 알려져 있다(최동희, 1985). 그런데 1990년대 이후의 연구에서는 이미 알려진 조성(key) 이외에도 음역(vocal range)이 가창활동의 난이도를 결정하는 중요한 요소라는 점이 밝혀졌다. 이와 같은 결과는 영유아를 위한 동요 교재가 과연 영유아의 음역에 적합한지, 또한 수록된 동요가 어떤 연령층에 적합한지에 관한 연구(임혜정, 2004)로 발전하였는데, 임혜정은 음정변화, 리듬패턴, 노랫말 등 동요가 지니는 여러 요건이 처음부터 영유아발달에 적합하게 창작되어야 한다고 주장한다. 예를 들면, 반복적인 6도 음정변화는 부적절하며 만 2세아는 3도의 음정변화가 표현하기 적당하고 만 6세라 할지라도 반복되는 6도 이상 음정의 표현은 무리라는 점을 반드시 고려해야 한다(McDonald & Simons, 1989).

따라서 영유아의 음악적 범주 안에서의 노래 부르기는 그들의 발달 단계를 고려해야 하며 특히 '음역의 한계'는 영유아의 음악적 표현 능력의 범위를 뚜렷하게 구분하는 중요한 요소로서 일반적으로 영유아들은 노래를 시작할 때 높은 음보다는 낮은 음을 좋아하고 만 4세라 해도 한정된 음역 안에서만 정확한 음정 표현을 한다(Wester & Schlentrich, 1982)는 것을 기억하여 지도해야 한다. 만 5세가 지나면 음정, 리듬에 맞추어 이전보다 확대된 음역의 노래를 비교적 정확히 부를 수 있는데 이러한 가창능력 발달의 경향은 시대가 흐를수록 영유아의 음악성 발달을 촉진시켜 조기화되고 있다(김영연 외, 2005; Welch, 2006).

아직까지도 특정한 범위로 영유아의 음역을 단정하기는 어렵지만 그동안 알려진 음역에 관한 연구결과를 종합하여 보면 다음과 같이 요약된다.

① 연령이 높아짐에 따라 영유아의 가창 음역은 자연스럽게 확대된다(Wassum, 1979).

② 저음보다는 고음에서 음역 확대 속도가 빠르다(Boardman, 1964). 즉, 가창가능 음역이 c′에서 g′인 영유아가 시간이 지나면서 고음은 g′에서 b′로 장3도 높여 부를 수 있는 반면, 저음은 c′에서 아래 b까지 단2도 밖에 낮추어 부르지 못하는 현상을 뜻한다.

③ 스스로 선택한 노래를 부를 때가 다른 사람이 정해 준 곡을 부를 때보다 더 자유롭게 넓은 음역을 사용할 수 있다(Flowers & Dunne-Sousa, 1990).

④ 주어진 가사만으로보다는 '우'나 '루' 등의 음절어를 사용하여 노래 연습을 하는 것이 음역 확대를 위한 효과적인 연습법(Goetz, 1985)이고 외국 곡을 부를 때 그 나라 사람의 발음을 직접 듣고 부르는 것이 따라 부르기에 효과적이다(Goetz, 1998). 한편, 영유아교육현장에서 오페라 아리아를 이용하여 가성(falsetto) 기법의 발성을 수업에 응용했을 때 영유아의 발성법이 교정되는 점도 발견하였다.

종합하면 영유아의 효과적인 노래지도를 위하여 영유아 개개인의 현재 음역과 성대의 성숙정도 및 훈련정도를 고려해야 한다. 연령이 높아질수록 사용 음역도 확대됨과 동시에 남아보다는 여아가, 또한 그룹으로 같이 부르기보다는 혼자서 불러 보기가 개인의 음역 확대 및 가창력 발달에 효과적이라는 점을 참고하길 권장한다(Goetz, 1985). 훈련에 의한 음역 확대의 효과가 고음에서보다는 저음에서 더 두드러지고(즉, 고음은 특별한 훈련을 거치지 않아도 성장과 동시에 자연스럽게 음역을 확대해 가지만 저음의 음역확대는 성대의 발달에 의존하기보다는 훈련을 통하여 가능하나) 교사가 선택한 노래보다는 영유아 스스로 선택한 노래의 허밍 폭이 넓다는 연구결과는 우리나라 영유아교육현장에 적용해 볼 만한 가치가 있다. 이는 영유아가 가창 가능한 음역의 빈번한 사용이 음역 확대의 기본 조건임을 의미한다. 그러나 대부분의 영유아교사는 아직 영유아의 성대 발전에 그다지 관심을 두지 않는 것 같아서 안타깝기도 하다.

결론적으로 영유아교사는 영유아가 너무 무리한 음역의 노래는 피하도록 하고 대신 영유아가 노래에 대한 흥미를 잃지 않고 자연스럽게 노래할 수 있도록 영유아의 실제음역에 맞는 노래를 권장하도록 하며, 교사 스스로가 선별하여 작성해 놓은 영유아 지도용 노래곡 목록을 개인적으로 마련할 필요가 있다. 한편, 음역을 너무 좁게 한정하여 부르기 쉬운 노래만 선택하는 것은 영유아의 음역을 확대하고자 하는 음악성 발달을 위한 교육 목적에 어긋나므로 같은 음악도 다장조에서 출발하여 바장조로, 바장조의 곡을 사장조로 점차 음을 높여 가는 등 되도록 여러 조로 바꿔 가며 불러 봄으로써 영유아의 가창 음역을 점차 확대키는 훈련도 필요하다.

① 올려서 부른 경우

당신은 누구세요

첫 음 다(c)음은 영유아에게 너무 낮으므로 바(f′)음으로 올려서 시작한다.

② 내려서 부른 경우

나비노래

첫 음 다(c″)음은 영유아에게 너무 높으므로 가(a′)음으로 내려서 시작한다.

[그림 4-1] 너무 낮거나 높은 첫 음 조절의 예

2) 새 노래 지도 방법

(1) 일반적 새 노래 지도 방법

앞에서 설명한 대로 음악적인 특징(음역, 리듬꼴, 가락 형태, 곡의 길이)과 노랫말 등을 기준으로 적절한 곡이 선택되면 영유아교사는 다음과 같은 방법으로 노래지도를 한다.

① 우선 전하고자 하는 곡에 흥미를 가질 수 있도록 동기를 부여해 본다. 이때에는 새 노래를 미리 녹음하거나 아니면 교사의 직접 연주로 영유아에게 휴식시간이나 간식시간에 배경음악으로 들려준다. 이때의 음악은 Muzak으로서의 기능을 갖는다. Muzak이란 순수한 감상이나 교육의 목적이 아닌 상태에서 들려지는 음악을 뜻하며 건물의 엘리베이터나 병원의 진료실 등에서 들리는 음악소리가 그 예이다.

② 이렇게 지도하고자 하는 새 노래에 대하여 간접적으로 음이 익숙해지면 노래와 관련된 여러 가지 자료나 동화, 동시를 소개하여 영유아의 사전 경험과 연관시킬 수 있도록 이야기를 꾸며 보거나 놀이를 한다.

③ 다음 단계로서 교사는 영유아를 동그랗게 앉히고 영유아를 바라보며 노래를 불러 주고 다음에 영유아들이 불러 보도록 하는데 대체적으로 교육기관에서는 곡의 전체를 계속 반복하여 들려준 후 따라 하게 하는 전체 노래 지도 방법(whole song teaching method)이 사용된다. 왜냐하면 노래를 한 소절마다 떼어 반복해서 가르치면 노래의 전체적인 분위기를 느끼지 못하여 영유아는 새노래 배우기에 싫증을 내기 때문이다. 그러나 간혹 곡의 난이도나 길이에 따라서 혹은 가사의 발음이나 내용을 분명히 할 필요가 있을 때에는 부분적으로 반복을 한 후 전체로 모아 불러 보는 구절법(phrase by phrase method)을 전체법과 혼합하여(whole-partial-whole song teaching method) 사용하기도 하는데 보통 동요 한 곡을 2~4회로 나누어 노래지도를 하는 것이 효과적이다.

지도할 때 교사가 표정을 크게 하고 웃으면서 즐겁게, 또 재미있게 노래를 불러 주면 영유아의 흥미를 유발하기가 쉽고 노래 부르기 활동 자체를 즐기게 된다. 특히 잘 안 되는 부분은 여러 번 반복함으로써 명확히 해 주는 것이 좋다.

피아노 위치는 영유아에게 교사의 등을 보이지 않는 곳이 좋고 반주를 하는 동
안 영유아들과 시선접촉을 많이 할 수 있는 장소가 좋다.

④ 교사는 자신의 무리한 소리를 자제하고 가능한 한 부드럽고 발음이 분명한 소
리를 영유아에게 들려주며 영유아들이 곡을 완전히 알게 될 때까지 될 수 있는
대로 무반주나 단순한 형태의 반주, 양손을 이용한 단순한 가락반주로 연습하
는 것이 좋다.

⑤ 이렇게 새 노래를 익히면 연주의 묘(妙)를 살려 보는데 피아노나 전자피아노
의 다양한 음색으로 반주를 곁들이거나 빠르기를 달리, 셈여림을 달리, 음높이
를 달리하는 등 변화를 시도한다. 또는 노래를 부르는 동안 영유아가 가지고
있는 리듬악기, 가락악기의 순서로 악기를 차차 첨가시키는 방법으로 가창활
동을 발전시킨다. 또한 교사와 영유아가 묻고 대답하는 문답식(問答式, call &
response)으로 노래를 부르거나 '라라' 등의 의성어나 휘파람으로 대치해 보거
나, 리듬을 손장단이나 입장단, 손튕기기, 무릎치기, 발구르기 등의 신체악기
형태로 변형시켜 불러 보도록 하는 것도 영유아의 즉흥연주를 돕는 방법이 될
수 있다. 그러나 영유아가 흥미를 느낀다고 하여 지나치게 반복을 하면 오히
려 싫증을 낼 수 있으므로 교사는 매 순간 영유아의 표정과 반응을 살펴서 음
악행위 자체를 즐거워할 수 있도록 도와야 할 것이다.

[그림 4-2] **문답식 노래 「요기 조기」 악보**

(2) 고든의 새 노래 지도 방법

고든은 영유아를 대상으로 새 노래 지도에 있어서 그동안 우리가 써 왔던 방식과는 전혀 다른 방법을 취한다. 고든은 우리나라 영유아교육현장에서 새 노래를 지도할 때 노랫말을 제일 먼저 제시하는 방식과 달리 지도하고자 하는 노래에 담겨 있는 가락꼴과 리듬꼴의 반복적인 청취(듣기)를 매우 중요하게 여겨 반복 듣기를 우선한다. 즉, 청음을 중시한다는 뜻이다. 이 과정을 거친 후 최종적으로 그 곡의 으뜸음을 찾아가도록 하는 고든의 새 노래 지도 방법은 음정과 리듬뿐 아니라 노래 부르기를 통하여 조성감각까지도 자극한다. 고든은 음악 듣기는 음악을 언어라고 할 때 음악 언어에 담긴 문법이나 마찬가지로 여긴다. 따라서 고든의 오디에이션에 기초한 새 노래 지도 방법을 위한 예로 다음의 단계별 노래지도 절차를 소개한다.

① 1단계에서는 발로는 큰 박(macro beat)을 맞추며 가락을 허밍으로 들려준다.
② 2단계에서는 발로는 작은 박(micro beat)을 맞추며 허밍으로 가락을 들려준다.
③ 3단계에서는 큰 박과 작은 박을 동시에 맞추면서 허밍으로 가락을 듣는다.
④ 4단계에서 이르면 교사는 가락허밍만 불러 준다.
⑤ 5단계에 비로소 영유아는 교사가 들려주었던 가락을 허밍으로 부를 수 있는데 마지막 6단계에서 가사를 주어 노래를 완성시킨다. 이때 교사가 이 노래의 첫 음 대신 이 노래 조성의 으뜸음을 주면 영유아는 주어진 조성에 음높이를 맞추어 첫 음을 찾아내는 과정을 거친 후 허밍을 할 수 있도록 이끈다.

이와 같은 전체 과정을 통하여 영유아는 곡에 담겨 있는 특징적인 가락과 리듬을 주의 깊게 듣는 연습을 하여 음정과 리듬감은 물론 조성감각을 익히도록 하는 것이 고든 교수법의 목적이다. 고든은 특히 가락꼴과 리듬패턴의 반복적 경험을 중요시하는데 이는 언어교육에서의 문법교육과도 같다고 하면서 음악에서의 문법, 즉 음악에서 드러나는 질서와 조직 학습이 필요하며 많이 들려줄수록 그러한 질서와 조직을 이해하기가 쉽고, 음악적 질서와 조직에 관한 정보인 음악문법 지식이 쌓일수록 음악세계를 이해하고 분석하는 능력이 발달한다고 설명한다. 이를 위해 특히 영유아기에 소리 탐색과 청음을 통하여 음의 특징을 종합하는 능력을 길러 주어야 한다고 고든은 주장한다.

4. 영유아 악기지도 방법

1) 악기지도의 의의와 요령

악기지도는 영유아에게 리듬감과 악구감(phrase감)을 느끼게 해 주는 음악활동이다. 또한 합주를 통하여 화음에 대한 관심을 높일 수 있는데 만 4세아는 화음을 들으며 불협화음을 찾아낼 수 있기도 하다. 협주를 통한 악기지도는 사회성을 길러 주고 악기를 소중히 다룰 수 있는 배려의 마음을 심어 주며 연주를 통하여 영유아는 성취감을 맛볼 수 있다.

따라서 영유아에게 악기지도를 하기에 앞서서 교사는 미리 다루고자 하는 곡의 내용과 곡의 형식을 파악하고 곡에서 강조해야 할 부분과 가사의 강조점을 알아 두었다가 곡의 특성에 맞는 악기를 선택해야 한다. 조용한 곡에 심벌즈를 연속하여 넣거나 화려해야 할 부분에 무거운 소리의 큰북을 배치하는 것은 적절하지 않다. 음량의 균형을 생각하며 악기를 배합하고 화음이 강조되는 곡에서는 가락악기(예: 실로폰)의 이용 가능성도 검토해야 한다.

이렇게 영유아들이 안전하고 즐겁게 그리고 손쉽게 사용할 수 있는 악기를 사전에 탐색시간을 통하여 충분히 경험한 후에 악기연주로 연결해야 할 것이다.

2) 악기지도 방법

영유아가 사용할 수 있는 악기는 악기상가에서 구할 수 있는 완성품 악기가 아니어도 된다. 예를 들어, 길이가 다른 대나무나 고무호스, 물이 담긴 플라스틱 관이나 컵, 빨래판, 요구르트 빈 통도 악기로 사용할 수 있다. 유아에게는 미리 악기에 대한 주의를 알려 주더라도 악기지도 시간은 자칫 소란한 소음 행사로 끝날 수 있으므로 교사는 악기지도 시간 이전에 미리 다양한 악기를 최소한 한 달간 음악영역에 밑그림과 함께 비치하여서 영유아가 악기의 독특한 음색과 모양에 익숙하도록 한 뒤 차차 합주를 시도하는 것이 좋다.

악기연주를 하기에 앞서 연주곡의 특징적 리듬에 익숙하도록 손동작을 해 보거나 영유아들이 다루기 쉬운 리듬악기 사용법을 먼저 설명하고 연주로 들어가는데 처음에는 악기별로 나누어 분담 합주로 시작하다가 서서히 리듬악기를 첨가하는 합주의 방식을 따른다. 교사는 연주곡의 특징을 미리 파악한 뒤 곡의 특성에 맞게 악기를 분배하고 음량을 조절하면서 자연스레 곡의 흐름에 따라가는 것이 좋다.

악기를 선택할 때는 가급적 영유아가 원하는 악기를 제공하고 전체 영유아가 전체 악기를 고루 경험할 수 있도록 악기를 바꿔 가며 경험한다. 유아의 특성상 친구와 똑같은 악기를 갖고자 하므로 한 종류의 악기를 여러 개 준비하는 것이 좋다. 악기별 연주가 익숙해지면 영유아나 교사가 피아노나 리코더 등의 가락악기를 첨가하여 합주로 발전시킨다.

5. 영유아 감상지도 방법

영유아기는 음악감상에 있어서 비교적 교사나 부모의 의도가 잘 받아들여지는 시기이다. 어떤 음악을 제공하느냐에 따라 영유아는 특별한 거부감 없이 주어지는 음악에 쉽게 빨려 들어간다. 특히 만 5세를 전후한 영유아는 가창과 더불어 음악감상에 관심을 보이는데 이때 영유아에게 너무 엄격한 감상 태도를 요구하기보다는 영유아가 직접 지휘를 해 보거나 몸을 흔들어 보는 등의 자유로운 분위기에서 음악을 듣도록 허용하는 것이 좋다. 이미 녹음된 형태의 동요, 클래식, 국악 등 다양한 장르의 음악을 들려주는 것도 좋지만 교사가 직접 연주하여 들려주는 음악에 대하여 영유아들의 반응은 한층 예민하므로 교사의 연주를 적극 권한다.

이처럼 교사의 잘 정돈되고 세련된 연주는 영유아들에게 즐거운 음악감상을 위하여 매우 바람직하고 음악감상을 할 때에는 일정한 틀에 의하여 이미 처방하듯 짜진 감상 목록을 채택하기보다는 유치원의 수업 상황과 그날의 일과, 그리고 영유아의 관심과 기분에 적합한 곡을 영유아교사나 영유아가 직접 택하도록 선곡의 자유도 경험한다. 자기와 비슷한 또래의 영유아가 하는 연주를 들려주거나 영유아가 가정이나 교육기관에서 미리 들어 알고 있는 곡을 감상시킨 후 즉흥 음악회를 개최하여 음악적 동기를 부여하는 것도 효과적인 감상법이다. 그런데 감상시간을 너무 길게 하면 영유아가 싫증을 낼 수도 있으므로 시간 조절을 잘하여 지루한 감상시간이 되지 않도록 조심해야 한다. 영유아와의 권장 감상시간은 일반적으로 10분 이상을 넘기지 않는 것이 좋다고 하지만 연구에 의하면 곡의 특징에 따라서 교사가 어떤 방식으로 감상을 유도하느냐에 따라 20분 정도의 감상시간도 영유아에게 별문제가 되지 않았다는 보고도 있다(Sims, 2006).

🧑 영유아를 위한 감상용 음악작품 해설

차이콥스키의 「백조의 호수」 – 'The Swan lake' Op. 20. by Peter I. Tchaikovsky

「잠자는 숲속의 미녀」「호두까기 인형」과 함께 차이콥스키의 3대 발레음악으로 꼽히는 것 중 가장 사랑받고 있는 작품이다. 이 곡은 모스크바 볼쇼이 극장으로부터 위촉받아 1876년 4월에 완성한 것으로 모두 4막 29곡으로 되어 있다. 줄거리는 백조 처녀 전설에 바탕을 두고 중세 독일 전설 등을 참고로 하여 만들어진 것이다.

독일 공국의 왕자 지그프리드는 성년식을 맞이하게 되는 날 밤, 친구들의 권유로 백조 사냥을 나간다. 왕자는 거기서 백조의 여왕 오데트와 만나 그녀와 동료의 백조들이 모두 악마 로트발트의 마법에 걸려 낮에는 백조로 밤에는 사람으로 지낸다는 이야기를 듣는다. 그리고 이 마법을 깨뜨리기 위해서는 순수한 사랑의 힘이 필요하다는 것도 알게 된다. 그래서 왕자는 여왕을 구출한 후 곧 닥칠 성년식에서 여왕과 결혼을 하겠다는 결심을 발표한다. 그러나 이 계획은 악마 로트발트의 교묘한 흉계로 어긋나고 오히려 로트발트는 호수의 물을 넘치게 하여 왕자와 백조 여왕을 물에 빠뜨리려고 모함한 후 악마는 언덕 위로 도망을 간다. 하지만 왕자는 '나는 언제나 오데트 당신을 위하여 죽겠노라'라는 사랑의 고백을 하며 여왕 백조와 함께 호수에 몸을 던진다. 바로 이때 나머지 백조들은 두 사람의 강한 사랑의 힘으로 마법이 풀려 아름다운 처녀의 모습으로 되돌아오지만 지그프리드와 오데트의 사랑은 저 세상에서 이루어지게 된다는 이야기이다.

(김을곤, 1993, pp. 262-264)

프로코피예프의 「피터와 늑대」– 'Peter and the Wolf' Op. 67 by Sergei Prokofiev

어린이를 위한 동화 음악인 이 작품은 프로코피예프가 1936년 대본을 마치고 이듬해 5월 모스크바에서 초연되었다. 프로코피예프는 아이들을 몹시 좋아하였는데 집에서도 두 아이와 온종일 놀기만 하여 부인에게 핀잔을 듣기도 했다고 한다. 그가 특별히 어린이들에 대한 애정을 가지고 쓴 이 작품에서는 동화 속에 등장하는 인물 (피터와 그의 할아버지, 사냥꾼들)과 동물(새, 오리, 고양이, 늑대)들이 특정한 악기를 담당하게 하여 아이들에게 오케스트라에 대한 관심과 흥미를 갖게 했다. 곡 중에서 주제음으로 자주 등장하는 피터는 현악 5부 합주로, 새는 플루트로, 오리는 오보에로, 고양이는 클라리넷으로, 할아버지는 파곳(바순이라고도 함)으로, 늑대는 호른3대로, 사냥꾼의 총소리는 캐틀드럼과 큰북으로 연주를 함으로써 악기 소리를 통한 등장인물의 성격을 뚜렷이 소개하고 있다. 성악가 조수미가 들려주는 피터와 늑대 CD 자료도 있다. 줄거리는 다음과 같다.

어느 이른 아침, 피터가 문을 열고 숲으로 나가 보니 새들이 지저귀고 있었다. 그때 오리가 피터를 반기며 걸어오자 새도 곧 오리에게 내려와 이야기를 주고받는데 갑자기 고양이 한 마리가 지나가다가 새를 잡으려고 하고 피터가 새에게 피하라고 주의를 주는 소동이 벌어진다. 바로 이때 할아버지가 나와 피터에게 숲은 위험한 곳이라 늑대가 나올지도 모르니 빨리 집으로 들어가라고 야단을 치며 피터의 손을 잡고 집으로 가서 문을 잠근다. 그 순간 숲에서 커다란 늑대 한 마리가 나왔다. 놀란 고양이는 나무 위로, 오리는 연못으로 도망가다가 동작이 느린 오리는 결국 늑대에게 잡아먹히고 만다. 집 안에서 창문으로 이 광경을 모두 보고 있던 용감한 소년 피터는 밧줄을 가지고 나와 나무 위로 재빨리 올라가 새에게 이렇게 말한다. "날아가서 늑대 머리 위를 뱅뱅 돌아라, 그러면 내가 이 밧줄로 늑대를 묶을 테니⋯⋯." 모든 일은 계획대로 진행되었다. 늑대가 밧줄을 벗어나려고 몸부림칠 때 총을 들은 사냥꾼들이 숲에서 나와 늑대에게 총을 쏜다. 그러나 피터는 사냥꾼들에게 "쏘지 마세요! 이 늑대는 우리가 잡았으니 늑내를 동물원으로 데려가게 도와주세요."라고 부탁을 하여 모두를 살려 낸다는 이야기이다.

(Peter and Wolf by Faber Music Ltd. 1991)

피터

새

오리

고양이

할아버지

늑대

[그림 4-3] 등장인물별 악보 모음 -「피터와 늑대」중에서

차이콥스키의 「호두까기 인형」 – 'The Nutcracker' by Peter I. Tchaikovsky

「호두까기 인형」은 1892년 12월 러시아 상트페테르부르크의 마린스키 극장에서 초연된 발레모음곡이다. 줄거리는 독일 낭만파 작가 호프만의 동화인 「호두까기 인형과 새앙쥐 대왕」에서 비롯되었고 후에 프랑스의 문호 뒤마가 3막 3장으로 각색한 것을 마린스키 극장의 수석 안무가인 페티파가 2막 3장으로 재구성하였다.

영유아의 음악감상과 표현을 위한 수업

- 대상: 5세아
- 교육목표: 음악을 듣고 여러 가지 방법으로 표현해 보도록 한다.
- 교육내용: 영유아가 좋아하는 곡 중의 하나인 차이콥스키의 「호두까기 인형」을 들려주고 자신의 느낌을 몸으로, 말로, 그림으로 표현해 보도록 유도한다. 또한 음악을 조용히 귀담아 듣는 태도를 훈련해 봄으로써 음악을 통해 타인과의 올바른 상호작용을 지도한다.
- 준비물: 그림동화, 호두까기 인형이 담긴 음원, 미술도구(도화지, 크레파스, 물감 등), 종이 인형
- 수업진행 방법

(1) 그림동화 들려주기

크리스마스이브에 클라라는 호두까기 인형 선물을 받고 무척 기뻤어요. 그날 밤, 클라라는 꿈을 꾸었답니다. 뻐꾸기 시계가 밤 열두 시를 알리자 주위가 소란해지고 곧 바로 새앙쥐 대군이 습격해 와서 장난감 병정든과 전투가 벌어진 것이었어요. 호두까기 인형은 장난감 병정들의 대장이 되어서 열심히 싸웠지만 새앙쥐 대군에게 밀리기 시작했어요. 그래서 클라라는 자기가 신고 있던 신발을 집어 던져 새앙쥐 대군을 쫓아 버렸답니다. 그러자 갑자기 호두까기 인형이 씩씩한 왕자로 변신하고 왕자는 자기를 도와주어서 고맙다고 클라라를 과자의 나라로 데리고 갔어요. 과자의 나라에 도착한 클라라는 여러 가지 춤과 음악을 감상할 수 있는 성대한 환영 파

티에 참석했어요. 환영파티는 정말 멋지고 신기했어요.

잠에서 깨어난 클라라는 얼른 호두까기 인형을 찾았어요. 호두까기 인형은 클라라의 머리맡에서 점잖게 미소를 지으며 서 있었어요.

(2) 「호두까기 인형」 음악감상

음악을 듣기 전에 영유아교사는 이 음악에 대하여 간략히 소개해 준다.

교사: 얘들아! 클라라와 '호두까기 인형' 이야기 재미있었니? 이 이야기는 호프만 할아버지가 너희들에게 들려주려고 쓰신 이야기란다. 그런데 이 이야기가 너무 재미있어서 러시아의 음악가 차이콥스키 할아버지가 음악을 붙이셨어. 할아버지는 사람들에게 음악으로 멋진 춤을 추게 하셨어. 클라라와 왕자님은 함께 어디에 갔을까? 파티장에 갔는지 아니? 거기에서 무엇을 보았을까? 그래, 과자나라야. 클라라가 여행한 과자나라에서는 여러 가지 모양의 과자와 사탕, 그리고 초콜릿이 아주 멋진 춤을 추었단다. 자! 그럼 우리도 이 음악을 들어 볼까?

음악을 들려준다. 음악은 교사가 제2막에 나오는 주제별 음악[스페인의 초콜릿 춤(Pas de Deux), 아라비아의 커피들의 춤(Arabian Dance), 중국의 차(茶)의 춤(Chinese Dance), 러시아의 춤(Trepak), 갈대피리의 춤(Dance of the reed pipes), 별사탕의 춤(Dance of the Sugar Plum Fairy)]을 임의로 선곡하도록 한다. 특별히 호두까기 인형에서와 같이 부제가 달린 음악은 영상자료를 동시에 봄으로써 음악감상의 흥미를 높이고 영유아들의 상상력을 구체화시킬 수 있다. 그러나 선택된 영상자료는 반드시 감상하는 음악이 표현하고자 하는 음악적 개념과 의미가 포함된 내용이어야 가치가 있다.

초콜릿의 춤: 스페인

커피들의 춤: 아라비아

차의 춤: 중국

러시아의 춤

[그림 4-4] 「호두까기 인형」 악보 중 일부

(3) 표현하기

(음악을 듣고 나서)

교사: 이 음악 소리는 어떤 느낌이 드니? 쉿! 우리 말하지 말고 음악만 늘으면서 움직여 볼까? 어떻게 걸으면 음악소리와 비슷할까? 이 음악은 '별사탕의 춤(Dance of the Sugar Plum Fairy)'이란다. 이제 우리 모두 별사탕이 되어 볼까? 하지만 아직 말은 하면 안 되지. 자, 음악에 맞추어 맘껏 움직여 보자.

(움직임이 끝나고 나서)

교사: 이번에는 우리 음악을 듣고 그림을 그려 보는데 우선 여기부터 들어 보자(여러 부분으로 나누어 들려준 다음 그림을 그려 보고 나서 감상의 범위를 조금씩 확대하여 전체적인 감상을 그림으로 표현해 보기도 한다. 이때 선택된 곡은 최대한 3분 정도가 적합하다).

(4) 끝맺음

교사: 다음 시간에는 클라라가 본 여러 나라의 무용에 대해서 알아보자(여러 나라의 춤과 음악의 특성을 비교하여 경험할 수 있도록 연관된 자료를 준비해 본다).

생상스의 「동물의 사육제」 – 'Animal Festival' by Camile Saint-Saëns

프랑스의 작곡가 생상스(1835~1921)의 「동물의 사육제」는 14곡으로 구성된 관현악 모음곡이다. 각 곡의 연주시간이 2~4분 정도로 짧고 영유아가 좋아하는 동물들이 등장하며 음색, 속도, 셈여림 등 음악적 개념에 변화를 주면서 재미있게 구성되어 있어 영유아음악교육에 접목시키기에 좋다. 모음곡에는 사자, 수탉과 암탉의 무리, 당나귀, 거북이, 코끼리, 캥거루의 순서로 등장하다가 수족관, 이어서 긴 귀를 가진 사람, 그리고 다시 뻐꾹새, 새장, 피아니스트, 화석, 백조가 등장한다. 마지막에는 디즈니사가 제작하여 영유아교육현장에 잘 알려진 영상자료 '환타지아'에서 홍학의 춤으로 소개된 피날레가 나오며 모두 14곡이 끝을 맺는다. 특히 7번째의 곡 '수족관'은 음악극을 하기에 좋고 13번째의 곡 '백조'는 감상용으로 적합하다. 그 외에도 '서주와 사자왕의 행진' '코끼리' 등은 신체표현 또는 그림 그리기를 병행하며 통합적으로 감상하기에 적합한 곡으로 알려져 있다.

활동의 예로, 다섯 번째 곡 '코끼리'를 활용하도록 하자. 감상 수업에 앞서 먼저 영상자료를 본 후 코끼리의 모습, 걸음걸이 모습과 속도, 먹는 모습 등에 대하여 이야기를 나눈다. 이어서 '코끼리' 곡을 반복하여 듣는 동안 코끼리의 모습을 상상하면서 어슬렁거리며 걷는 모습, 무거운 몸으로 느릿느릿 춤추는 모습, 뒹구는 모습 등을 연상하도록 한 후, 음악에 맞추어 코끼리처럼 걸어 보기, 모두 코끼리가 되어 가장 행렬하기 등의 활동을 할 수 있다.

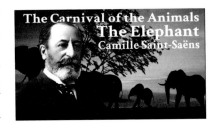

6. 영유아 음악 만들기 지도

현행 누리과정과 표준보육과정은 영유아의 자발적이고 창의적인 표현활동의 직접적인 체험을 적극 권장한다. 따라서 간단한 노래나 노랫말을 만들어 보는 활동은 대표적인 창작활동으로 알려졌지만, 교육현장에서는 대부분의 영유아교사가 창작 활동에 미숙하므로 영유아에게 창작 활동을 지도한다는 것 자체에 부담을 갖는다. 그러나 놀이를 통한 음악활동이나 자유로운 음악 경험이 음악 창작성과 높은 상관관계가 있음을 볼 때 창작지도는 영유아기로부터 경험되어져야 마땅하다(Auh, 1995)는 주장도 있으므로 교사는 음악창작에 적극적으로 대처할 필요가 있다.

창작지도의 요령을 살펴보면 처음부터 모든 영유아를 대상으로 하기에 앞서서 특별히 음악에 관심을 보이는 영유아가 발견되면 리듬패턴이나 가락패턴의 결정, 또는 연주 순서나 악기 정하기 등을 즉흥적으로 유도하고 교사는 그런 즉흥 활동을 신속히 녹화나 녹음을 하여 영유아가 자신의 창작활동을 감상할 수 있는 기회를 제공해야 한다. 그런 다음 같은 활동을 전체 영유아에게 적용해 본다. 보다 원활한 창작활동을 위하여 영유아교사가 우선 어떤 음악활동에도 자신 있게 접근할 수 있어야 하므로 교사는 스스로 창작하고 연주하고 감상하고 연구하는 다양한 음악 경험을 쌓아야 한다. 예를 들면, 다장조 곡의 반주를 바장조로, 또는 사장조로 옮겨서 한다거나 다장조를 가단조로 바꾸는 연주를 통하여 다양한 조성과 리듬패턴의 경험을 하는 것도 창작지도를 위한 교사로서의 사전 준비라고 할 수 있다.

7. 움직임을 이용한 표현지도

달크로즈는 일찍이 리듬감의 습득은 반드시 신체 표현을 통하여 가능하다고 주장하였다. 그에 의하면 올바른 청음은 자연스럽게 신체와 연결되어서 총체적 종합체로 표현되기 때문에 움직임지도는 놀이로 시작해야 하므로 교사는 가능한 한 모든 영유아가 능동적으로 움직일 수 있도록 한 사람 한 사람의 행동을 살피며 영유아의 자발적인 참여를 유도해야 한다. 그런 점에서 영유아에게 신체 움직임을 이용한 표현놀이는 바람직한 접근이다.

　동작을 하면서 언어적 지시는 피하는 것이 좋다. 예를 들면, '시작'이란 구호를 사용하는 대신 악기 소리로 약속을 하고 궁극적으로는 이러한 움직임이 단편적인 몸짓에만 머무르지 않고 움직임을 통하여 음악적 개념을 파악할 수 있는 단계로 발전되어야 하므로 교사는 가락의 변화나 리듬의 변화를 따라 동작의 변화도 수용하여 동작지도를 해야 한다. 활동을 하는 동안 무리한 동작 표현보다는 영유아가 음악에 맞추어 움직이고 활동이 원활하도록 적당한 속도를 유지하고 몸의 움직임이 급작스럽지 않고 서서히 이끌어지도록 단계적으로 지도해야 한다. 이럴 때 리본막대나 테니스공, 훌라후프 등을 도구로 활용하면 도움이 된다.

1) 신체 움직임지도의 의의

　음악을 통하여 표현되는 영유아의 동작은 육체의 자발적인 변화를 불러일으키며 다분히 창의적 활동으로 이어질 수 있다. 영유아들은 본질적으로 분주하고 호기심에 찬 움직임들로 새로운 움직임을 시도하며 그러한 움직임 자체를 즐긴다. 그 과정에서 움직임은 신체적인 발달과 병행하여 더욱더 세련되어지고 음악적 특질에 대한 이해가 가미되었을 때 비로소 예술적 의미를 드러내는 음악활동으로 발전된다. 따라서 영유아의 움직임지도는 다음의 사항을 요구한다.

　첫째, 영유아의 동작은 놀이를 하는 가운데 진행되어야 한다.

　둘째, 영유아는 개인적으로 자신의 힘으로 느끼고 또한 균형 있게 신체를 유지하는 요령을 체득하여야 한다.

　셋째, 자연스러운 동작은 교사의 일방적인 지시에 의한 것이 아니고 언어나, 교사가 내는 목소리의 높낮이, 영유아를 대하는 태도, 교사와 영유아 간의 신뢰를 바탕으로 점진적으로 쌓아 가는 움직임의 연속이다. 그리고 영유아의 동작 속에는 그들 자신의 경험이나 감정이 표출되도록 돕는 동기가 부여될 수 있도록 여러 가지 상상과 즐거움을 표현하는 동작을 유도해야 한다(이순례, 1994). 음표놀이나 소리듣기(장애물 게임이나 메아리 놀이), 리듬놀이는 신체를 이용한 움직임을 표현하도록 시작해 주는 좋은 예이기에 이 책의 제8장 영유아음악교육 강의안에서는 수업참여자의 출석 확인을 리듬놀이로 하도록 제안하였다.

2) 움직임지도 요령

움직임지도에는 움직임의 동작을 가리키는 신체적 접근방법(physical approach)과 동작을 통하여 자기를 발견하고 독창적으로 자신을 표현하도록 하는 극적 접근(dramatic approach)방법이 있다(이영, 1982).

신체적 접근에 기초한 동작활동은 상상력은 사용하지 않고 몸의 각 부분을 적절히 이용하여 스스로 자기가 지니고 있는 힘의 균형을 느껴 보고 그 힘을 여러 가지 모양의 동작을 통하여 유지해 보고 몸을 활발히 움직여 보도록 노력함으로써 공간감과 유동성(流動性)을 기르는 데 도움이 된다. 예를 들면, 양팔을 최대한 펼쳐서 원을 그리는 동작으로 해님을 묘사한다거나 몸을 웅크려서 영유아의 키를 최저한의 위치에서 최고의 위치로 이동하기 등이 신체적 접근법에 속한다.

극적 접근이란 상상력을 동원하여 동작으로 '～처럼 되어 보기'를 유도하는 방법이다. "우리 모두 팝콘처럼 뜨거운 프라이팬 위에서 뛰어 보자."라든가 오선(五線) 악보 위에 앉아있는 참새가 되어 참새의 하루를 표현해 보자." 등은 극적 접근의 예이다.

그런데 어떤 방법을 택하건 영유아와의 움직임은 말 대신 교사와 영유아가 정한 신호로 시작하여야 한다. 예를 들면, 피아노 소리가 들리면 말없이 일어나거나 피아노의 높은 음을 바쁘게 두드리면 가볍게 뛰어 보도록 하는데 움직임의 속도는 안전을 유의하며 되도록 교사의 지시 대신 영유아의 자유의사에 맡겨야 한다. 따라서 처음에는 음악이 없이 영유아의 속도로 움직임을 시작하여 만들고자 하는 동작을 충분히 익힌 후 나중에 음악을 첨가하고 움직임의 과정에서 가락의 방향 변화나 리듬 패턴의 변화 등을 감안하면서 동작도 변화를 준다.

이내 교사는 영유아의 힘을 격려해 수고 표현을 주저하는 영유아가 자신의 동작을 완성할 수 있도록 세심한 관찰과 아낌없는 격려를 표시함으로써 동작 활동에 활력을 불어넣어 주고 아울러 창의적인 표현을 맘껏 발휘할 수 있도록 지원해 주어야 한다. 이 과정에서 영유아가 열심히 동작을 따라 하는 모습이나 창의적으로 동작을 만들어 내고자 하는 노력에 미소를 건네고, 등 두드려 주기, 어깨 안아 주기 등의 긍

정적인 반응을 보여 영유아의 동작활동에 안정감을 불어넣어 주며, 때로는 교사가
어려운 동작의 모델을 보여 주는 것도 매우 중요하다. 영유아 중 친구들에 의하여
억지로 이끌려 움직이는 아이가 없도록 한 사람 한 사람의 반응을 빠뜨리지 말고 관
찰하고, 전체 영유아가 활동에 참여할 수 있도록 지도하며, 움직임이 바뀔 때는 신
호음도 달리하는 등 세심하게 동작지도에 접근한다.

3) 움직임지도 방법

움직임에는 걷기(walking), 달리기(running), 뛰기(가볍게 뛰기-hopping, 크게 뛰
기-jumping, 앙감질-galloping), 스키핑(skipping-번갈아 뛰기, 앞뒤로 뛰기, 옆으로 뛰
기), 미끄러지기(sliding)의 기본 동작이 있다. 여러 가지 스텝을 경험하는 동안 영
유아의 자발적인 동작활동이 존중되어야겠지만 궁극적으로는 음악과 동작활동을
통하여 음악적 개념을 이해하도록 하는 것도 중요한 학습 목적이 될 수 있다. 따라
서 스카프나 리본을 이용하여 음악이 바뀔 때 움직임의 방향을 바꾸거나 음의 세기
에 따라서 움직임의 크기를 달리 표현하는 것도 이때 들려주는 곡의 조성이나 악절
(phrase), 음계를 이해하는 좋은 움직임지도 방법이 될 수 있다.

🧑 움직임을 이용한 실제 음악 수업의 예

① 악보를 통한 음높이 이해를 위한 수업
- 대상: 3~4세아 5명
- 교육목표: 3~4세아들이 오선악보를 이해하기는 쉽지 않다. 따라서 단순화된
  두줄(two lines)악보를 통해 음높이 개념을 알아본다.
- 교육내용: 생쥐를 주인공으로 등장시켜 생쥐가 두 줄 계단을 오르락내리락하
  며 놀다가 잠드는 과정을 「생쥐노래」(김성균 요, 곡)로 표현해 봄으로써 악보상
  의 변화와 음높이의 변화를 일치시켜 본다.
- 준비물: 하드보드지로 가로 15cm×세로 10cm 크기의 두줄악보 카드를 4개 만
  든다.

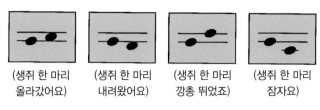

(생쥐 한 마리 올라갔어요)　(생쥐 한 마리 내려왔어요)　(생쥐 한 마리 깡총 뛰었죠)　(생쥐 한 마리 잠자요)

[그림 4-5] 두줄악보의 예

• 수업진행 방법

−도입: 그림책이나 영상자료를 통하여 생쥐의 활동을 관찰한다.

−전개 I: 교사는 경쾌한 곡을 배경음악으로 틀어 주고[예: 만화 디즈니 시리즈의 음악, 비발디의 「사계(four seasons)」 중 겨울 2악장] 영유아 각자가 생쥐가 되어 계단을 오르내리며 생쥐의 노는 모습을 흉내 내어 본다.

−전개 II: 교사가 번갈아 가며 제시하는 두줄악보 카드를 보며 영유아는 계단을 오르내리는데 이때 교사는 두줄악보 카드를 제시함과 동시에 노래를 분절(分節)하여 불러 준다.

−전개 III: 계단활동을 중지하고 교사가 카드를 제시하는 대로 영유아만 노래를 여러 번 부른다.

−끝맺음: 전체 영유아가 다시 생쥐가 되어 교사가 노래 순서대로 카드를 제시하면 음의 높낮이를 몸으로 표현하며 노래를 부른다.

② 음표와 음의 길이 이해를 위한 수업

• 대상: 4~5세아 약 10명

• 교육목표: 유니트블록으로 음의 길이를 지각하고 음표를 외워서 음길이의 개념을 이해한다.

• 교육내용: 유니트블록을 짧은 것 4개, 중간 것 2개, 긴 것 1개로 준비하여서 영유아에게 나누어 주고 짧은 것이 모여서 중간 것이 되고 중간 것이 모여서 긴 것이 된다는 개념을 소개한다. 다음에는 음표카드를 보여 주고 유니트블록의 길이와 연결시켜서 음표 이름을 알려 준다. 마지막 단계로 연주에 맞추어 「시계 노래」를 불러 본다.

• 준비물: 유니트블록(짧은 것; 1/4 size 4개, 중간 것; 1/2 size 2개, 긴 것; full size

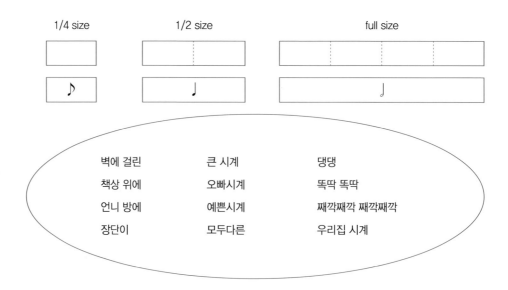

1개), 음표카드(8분음표, 4분음표, 2분음표), 「시계 노래」의 가사를 적은 판

• 수업진행 방법

−도입: 「시계 노래」를 들으며 유니트블록 놀이를 한다. 유니트블록의 길이를 비
교하며 '길다'와 '짧다'의 개념을 이해한다.

−전개 I: 음표카드를 보여 주며 유니트블록의 길이의 순서에 맞추어 음표를 소개
한다.

−전개 II: 시계 노래를 불러 본 후 시계 소리와 블록 길이, 음표의 길이를 연결해
보기

−전개 III: 일어서서 걸어가며 시계 노래를 부르다가 ♪ ♩ 가 나오는 부분에서 걸
음걸이를 달리해 보기(빨리, 보통으로, 느리게)

−끝맺음: 유치원에서 악보와 음표카드의 비치 장소를 알리고 다음 시간과 관련
된 사항을 암시한다(예: 음표카드에 맞추어 코끼리 흉내 내기, 낙타 흉내 내기, 다람
쥐 흉내 내기).

시계 노래

[그림 4-6] 「시계 노래」 악보

앞에서 제시된 다양한 방법의 음악지도 외에 춤이나 그림 또는 동시를 이용한 음악적 표현지도도 가능하다.

● 참고문헌

김성렬(1970). 한국의 유치원 노래교재에 관한 분석적 연구. 이화여자대학교 대학원 석사학위논문.

김영연, 박영옥, 윤선희(2005). 영유아 음악교육학 연구의 발전과정과 전망. 유아교육연구, 24(8), 71-100.

김영희(1982). 영유아의 기초적 음악능력 발달에 관한 연구. 이화여자대학교 대학원 석사학위논문.

김을곤(1993). 음악해설과 감상기법. 서울: 음악춘추사.

문교부(1989). 유아교육지도 자료집 (제1권-10권). 서울: 행동과학연구소.

승진숙(1985). 유치원 노래지도 방법의 효율성에 관한 실험연구-피아노와 리듬악기를 중심으로. 이화여자대학교 대학원 석사학위논문.

신현득(1994). 동요 노랫말에 대하여. [동요, 학교에서 가정으로, 가정에서 학교로(1994)]: 서울 YMCA 동요심포지엄 모음집. 128-133.

이순례(1994). 동작활동 프로그램. (유아의 창의적 음률활동 중에서). 한국어린이교육협회 1994년도 하기 워크숍.

이순례(2003). 통합적 유아국악음률활동의 효과에 관한 연구. 성신여자대학교 대학원 박사학위논문.

이영(1982). 유아를 위한 창의적 동작활동. 서울: 교문사.

임혜정(2004). 유아교육기관에서 선호하는 동요에 관한 조사 및 악곡분석 연구. 덕성여자대학교 대학원 박사학위논문.

조현숙(1990). 유치원 음악교육 실태분석 연구. 이화여자대학교 대학원 석사학위논문.

최동희(1985). 학령전 영유아들의 동요 분석 연구. 숙명여자대학교 대학원 석사학위논문.

Apfelstadt, H. (1982). Children's vocal range: Research findings and implications for music education. *Update, 1*(2), 3-7.

Auh, M. S. (1995). Prediction of music creativity in composition. Unpublished Doctoral Dissertation. Case Western Preserve University.

Boardman, E. L. (1964). An investigation of the effect of preschool training on the development of vocal accuracy in young children. Doctoral Dissertation. University of Illinois. DAI. 25.1245.

Faber Music(1991). *Peter and Wolf*. London: Faber Music Ltd.

Flowers, P. J., & Dunne-Sousa, D. (1990). Pitch-pattern accuracy, tonality, and vocal range in preschool children's singing. *Journal of Research in Music Education, 38*(2), 102-114.

Goetz, M. (1985). Factors affecting accuracy in children's singing. Doctoral Dissertation. University of Colorado at Boulder. DAI.46.2955A.

Goetz, M. (1998). The Challenges of performing choral music of the world. *Abstracts of 23rd International Society for Music Education World Conference*. Pretoria, South Africa.

McDonald, D. T., & Simons, G. M. (1989). *Musical growth and development: Birth through six*. New York: Schirmer Books.

Sims, W. (2006). Learning to listen-Listening to learn. *Perspectives Journal of the Early Childhood Music & Movement Association, 1*(1), 4-5.

Wassum, S. (1979). Elementary school children's concept of tonality. *Journal of Research in Music Education, 28*(1), 18-33.

Welch, G. F. (2006). Singing and vocal development. In G. McPherson (Ed.), *The Child as musician: A handbook of musical development* (pp. 311-329). Oxford: Oxford

University Press.

Wester, P. R., & Schlentrich, K. (1982). Discrimination of pitch direction by preschool children with verbal and nonverbal tasks. *Journal of research in Music Education*, *30*(3), 151–162.

Zimmerman, M. P., & Sechrest, L. (1968). *How children conceptually organize musical sounds* (cooperative research project No. 5-0256). Evanson: Northwestern University.

영유아음악 교수매체

제5장은 현장의 영유아교사에게 음악교육과 관련된 정보를 제공하는 데 목적이 있다. 막상 음악수업을 하려고 해도 어떤 음악이나 악기를 어디에서 구입해야 할지, 영유아음악수업 관련 음악 사이트는 어느 것이 있는지 막 연힐 수 있디. 어기에시는 이의 같은 현실적인 문제에 대한 해견이 답을 주끄자 다양한 악부의 종류를 소개하고, 과거 영유아에게 권장하여 활용했던 CD와 비디오 등의 영상자료와 오디오 자료에 수록된 전래동요 목록을 소개하였다. 또한 우리나라 전국에 있는 예술 공연장과 악기 회사 사이트에 대한 정보도 담았다. 또한 영유아에게 권장할 만한 감상곡 목록과 영유아교사를 위한 교양 음악서 목록 및 영유아교사에게 음악교육 재교육 참여의 기회를 제공할 만한 학술단체도 소개하였다.

청음 후에 가능한 한 여러 가지 활동을 하기 위해 악보를 읽고 쓰기는 필수적이다. 그러나 영유아를 대상으로 할 때 사용하는 악보가 반드시 오선악보일 필요는 없다. 곡에 따라 두 개의 선으로 구성된 두줄악보도 가능하고 단 한 줄의 악보도 있을 수 있다. 또한 선이 없는 그림악보나 숫자악보 또는 아이콘을 활용한 기호악보도 훌륭한 악보가 될 수 있다. 따라서 교사는 그림악보, 숫자악보, 막대악보 등 다양한 음악교수매체를 알아 둘 필요가 있고 영유아음악교육용 비디오와 오디오, DVD 등의 영상정보 자료물에 대한 정보는 많이 알면 알수록 수업에 유리하다.

1. 악보의 종류

1) 그림악보

노랫말을 대신하여 그림을 삽입하는 경우 이를 가리켜 그림악보라고 불렀다. 그러나 음악적 개념이 담기지 않은 그림은 엄격한 의미에서 그림악보라고 할 수 없다. 다시 말하여 그림 속에 음악적 개념이 상징적으로 나타날 경우에만 그림악보라고 할 수 있다는 뜻이다. 그림악보에는 음고의 변화, 길이의 변화, 노랫말이 포함되어야 하고 때로는 악기연주를 위한 악기의 표시, 신체표현을 위한 상징적 표시가 담겨 있기도 하다. 다음의 악보는 음악적인 특징이 잘 드러난 그림악보의 예이다.

[그림 5-1] 그림악보의 예

출처: 송유리, 2004, p. 36.

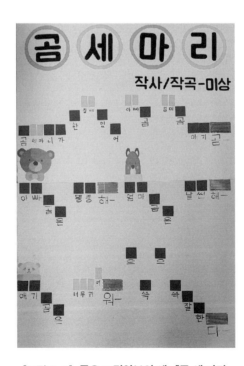

[그림 5-2] 동요 그림악보의 예: 「곰 세 마리」

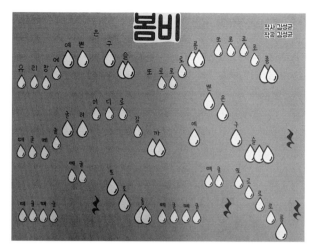

[그림 5-3] 동요 그림악보의 예:「봄비」

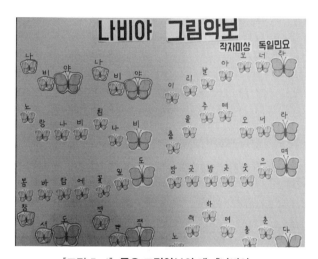

[그림 5-4] 동요 그림악보의 예:「나비야」

2) 숫자악보

18세기 말 프랑스 태생의 교육사상가 루소(Jean Jacques Rousseau, 1712~1778)는 헤켈(E. H. Haeckel)이 발전시킨 진화론의 신봉자로서 형식주의를 타파하고 인간 본성위주에 입각한 자연주의 교육을 강조하였다. 루소는 인간이 갓 태어났을 때가 일생을 통하여 가장 순수하고 선한 시기로 교육도 그 시기를 거울삼아 가장 자연스러운 상태에서 이루어져야 한다고 주장하였다. 루소는 음악은 인간의 내면 형성에 중요한 역할을 하는 교육과정이라고 보고 음악교육의 중요성을 강조하였는데 좋은 교육을 위하여 교사는 영유아의 자발성을 존중하고 흥미 위주의 자연스러운 놀이로 음악교육을 해야 한다고 주장하면서 이때 개인의 능력차가 반드시 고려되어야 한다고 설명하였다. 루소는 인간의 성장을 영아기(0~2세), 영유아기(2~12세), 소년기(12~15세), 청년기(15~20세), 성년기(20세 이후)의 다섯 발달 단계로 구분하고 교육도 각 단계의 발달 특성에 알맞게 이루어져야 한다고 하였다. 따라서 교사는 각 성장 단계에 따른 적절한 경험을 제공하되 반드시 개인의 성격, 가정환경, 학교와 사회환경의 차이가 함께 고려되어야 한다는 교육관을 주장했다(Sahakian & Sahakian, 1974).

루소는 재능 있는 사람들만을 대상으로 하던 종전의 음악교육 방식에서 탈피하여 모든 사람에게 고루 음악교육의 기회를 제공하는 방안으로서 숫자악보의 개량과 보급에 힘썼다. 또한 루소는 음악적 능력 및 발달 속도에 따른 개인차에 대한 교사의 세심한 고려가 필요함을 강조하며 청음능력, 청감각의 발달, 변성기 등이 개인의 성장기에 따라 다르다는 사실에 주목할 것을 또한 강조하였다. 그는 특별히 음악교육에 관하여 놀이를 통한 자연스러운 상태에서의 노래지도의 필요성을 언급하였는데 루소의 이러한 교육방법은 후에 달크로즈(J. Dalcroze), 오르프(C. Orff), 코다이(Z. Kodály)의 음악교육관에도 큰 영향을 미쳤고 그러한 그의 사상은 현재까지도 각국의 많은 음악교육자에 의하여 교육현장에 적용되고 있다.

질문-무슨 곡의 숫자악보인지 알아맞혀 보세요.

동요 1

135	135	666	5
444	333	222	1

동요 1

55543	44432	333431	2
55543	44432	333432	1

(답: 「똑같아요」 & 「모두 제자리」 숫자악보)

3) 손기호악보

형가리 태생의 작곡가 코다이(Zoltán Kodály, 1882~1967)는 음악을 통한 민족교육을 누구보다도 강조한 음악교육가이다. 그는 달크로즈의 철학 중 음악교육에서의 기회균등의 중요성과 오르프가 발견한 어린이의 동작과 가창의 동시현상을 중시하고 여러 가지 음악적 개념 중 특히 음정을 기본으로 한 음악교육법을 개발하였다. 누구에게나 어렸을 때부터 모국의 언어와 문자를 배우듯 음악을 가르치는 것이 가장 쉽고 자연스러우며 효과적인 음악교육법이라 믿은 코다이는 형가리의 음악을 모국의 모든 국민에게 알도록 가르치는 것을 그의 음악교육적 사명으로 삼았다. 그리하여 코다이는 그의 절친한 친구인 작곡가 바르톡(Bela Bartok, 1881~1945)과 함께 형가리 전국 방방곡곡을 돌아다니며 사라져 가고 있는 형가리 민요를 수집·정리하기 시작하였다. 그는 수집한 민요를 특징에 따라 정리하고 기록한 후에 이것을

[그림 5-5] Guido의 손계명과 Kodály-Curwen의 손계명

출처: Campbell & Scott-Kassner, 2017.

모든 헝가리 사람이 즐겨 부를 수 있도록 손계명창법을 이용하여 헝가리 민요를 암송 · 지도하였다.

따라서 코다이는 음의 독보력과 기보법의 습득을 음악교육의 중요한 목표로 삼았고 이를 위하여 보다 쉬운 방법으로 사람들에게 전달하고자 애썼는데 그는 이미 중세의 음악지도자 귀도 다레초(Guido D'Arezzo, 995~1050)가 창안하고 영국의 코웬(John Curwen, 1816~1880)이 발전시킨 손쉬운 손계명창법(tonic sol-fa sight-singing method)을 도입하고 이를 응용하여 헝가리 국민의 독보(讀報) 교육에 충분히 활용하였다. 달크로즈가 정확한 음감습득을 위하여 고정 도개념(fixed Do system)을 사용했다면 코다이는 이동 계명법(movable Do system)을 이용하여 모든 곡을 암기에 의해 계명으로 부를 수 있도록 지도한 점이 차이점이다.

4) 막대악보

막대그래프의 모양을 이용하여 음높이와 길이를 표현하는 악보로서 악보 읽기의 시각적인 편리함을 제공하는 악보이다.

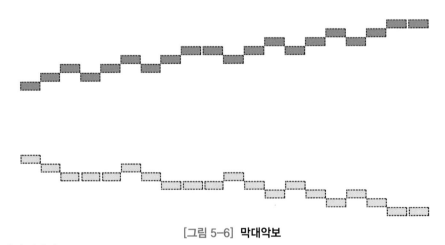

[그림 5-6] **막대악보**

출처: 송유리, 2004, p. 39.

5) 기호악보

(1) 선과 점 기호악보

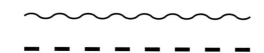

[그림 5-7] **기호악보**

출처: 송유리, 2004, p. 33.

(2) 자유 기호악보

[그림 5-8] **자유 기호악보**

출처: D 유치원 만 4세아가 그린 기호악보.

2. 교수매체의 종류

1) 영상자료

영유아용 영상자료로는 베이비 모차르트, 환타지아 2000, 오페라복스 등이 있다.

• 'baby mozart'
• The Baby Einstein Company, LLC 제작
• www.babyeinstein.com

• 'baby bach'
• The Baby Einstein Company, LLC 제작
• www.babyeinstein.com

• '환타지아 2000'
• Walt Disney사 제작
• www.DisneyGold.com

• 'Make mine music!'
• Walt Disney사 제작
• www.DisneyGold.com

• operavox '세빌리아의 이발사'
• The Barber of Seville
• Gioachino Rossini
• SUN MEDIA CO.,LTD 제작

• operavox '마술피리'
• The Magic Flute
• Wolfgang Amadeus Mozart
• SUN MEDIA CO.,LTD 제작

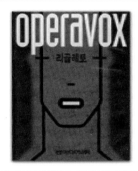	
• operavox '리골레토' • Rigoletto • Giuseppe Verdi • SUN MEDIA CO.,LTD 제작	• operavox '라인의 황금' • Rhinegold • Richard Wagner • SUN MEDIA CO.,LTD 제작

이 그림에서 보여 주는 영상자료 외에도 operavox 시리즈로서 지아코모 푸치니의 '투란도트(Turandot)', 게오르규 비제의 '카르멘(Carmen)'이 있고, [그림 5-9]와 같이 Music Rhapsody사 제작의 'Babies make Music'과 'Kids make Music Too!', (주)동성프로덕션에서 수입 · 제작한 짐 캠블의 어린이 클래식 '피터와 늑대' '호두까기 인형'도 잘 알려져 있다.

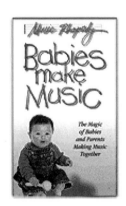

[그림 5-9] **영유아용 비디오 자료**

2) 녹음자료

(1) 노래지도와 감상을 위한 전래동요 오디오 자료

제조사	사단법인 새세대육영회
타이틀	새세대전래동요

구분		제목
Tape 1	가	1. 달아달아 / 2. 둥개둥개둥개야 / 3. 이거리저거리각거리 4. 불불불어라 / 5. 청어 엮자 / 6. 대문놀이 / 7. 잠자리 8. 퀀쥐새끼 / 9. 고사리끊자 / 10. 두꺼비 / 11. 들강달강
	나	1. 제주도자장가 / 2. 새야새야 / 3. 진도기와 밟기 / 4. 꼬방꼬방 5. 찐득아 / 6. 실구대소리 / 7. 앞니빠진중강새 / 8. 꿩꿩 장 서방 / 9. 기와밟기 10. 자장가
Tape 2	가	1. 개구리 / 2. 장닭 / 3. 거미 / 4. 나비 / 5. 까치 / 6. 징거미 / 7. 고사리 / 8. 개떡 / 9. 숫자풀이 / 10. 아이구 뜨거워 / 11. 가위 바위 보 / 12. 널뛰기 / 13. 아이보개 / 14. 송아지
	나	15. 줄넘기 1 / 16. 줄넘기 2 / 17. 얼굴 그리기 / 18. 꿩꿩 장 서방 / 19. 개미 / 20. 두꺼비 / 21. 비야비야 / 22. 신랑방에 불켜라 / 23. 이박저박 / 24. 담넘자 / 25. 경상도 기와 밟기 / 26. 외따기 / 27. 통영자장가

제조사	사단법인 한국어린이육영회
타이틀	전래동요

구분		제목
Tape 1	앞	1. 우리집에 왜 왔니? / 2. 여우야 여우야 뭐하니? / 3. 꼬마야 꼬마야 / 4. 기차 / 5. 꼭꼭 숨어라 / 6. 숫자풀이 / 7. 꼬부랑 할머니 / 8. 맹꽁
	뒤	1. 이서방 / 2. 두껍아 두껍아 / 3. 까치야 까치야 / 4. 달 / 5. 기러기노래 6. 가자 가자 감나무 / 7. 참나무, 뽕나무, 대나무 / 8. 동대문 / 9. 팽이치기
Tape 2	앞	1. 어디까지 왔나 / 2. 꿩 꿩 장서방 / 3. 나무타령 / 4. 참외밭에 삽살개 5. 비야 비야 / 6. 앞니 빠진 중강새 / 7. 자장가
	뒤	1. 세시가 / 2. 진도기와 밟기 / 3. 꼬방 꼬방 / 4. 얼굴 그리기 / 5. 잠자리 6. 월어리청청—외따기 / 7. 개떡 / 8. 앞에가면

제조사	사단법인 한국어린이육영회
타이틀	육영회동요집 이슬비 색시비

구분		제목
Tape 1	앞	1. 이슬비 색시비 / 2. 토끼처럼 먹어요 / 3. 호랑나비 / 4. 싸리꽃 5. 무엇을 보고 있니
	뒤	1. 우리오빠 / 2. 똑똑 누구세요 / 3. 올챙이적 생각을 못해요 4. 노랑 개나리 / 5. 어디서 자나 / 6. 찾았다 찾았다
Tape 2	앞	1. 'ㄱ'은 고양이 / 2. 별초롱 꿈초롱 / 3. 이서방 이닦으러 가세 4. 요만큼 / 5. 삼팔선
	뒤	1. 땡그랑 댕그랑 다앙그랑 / 2. 도토리 / 3. 호주머니 / 4. 요술쟁이 구름아 5. 풀꽃과 풀벌레 / 6. 생일

(2) 신체표현을 위한 음률활동 오디오 자료

제조사	다음세대
타이틀	영유아를 위한 음률활동테이프

구분		제목
Tape 1	A	1. 어린이 노래 / 2.모두 움직여 봐요 / 3. 신문지 놀이 4. 수건 놀이 / 5. 뻐꾹 왈츠 / 6. 봄이 오면
	B	1. 어항속 여행 / 2. 바다속 세상 / 3. 무겁고 가벼운 동물들
Tape 2	A	1. 지혜의 숲속 나들이 / 2.낙엽의 여행 / 3.북청 사자놀이 4. 아프리카 흑인춤
	B	1. 기계 / 2. 겨울 놀이 / 3. 팝콘 / 4. 탈춤을 춥시다 5. 영아체조 / 6. 여러 나라의 민속춤
Tape 3	A	1. 큰 트럭 작은 트럭 / 2.동물의 하품 / 3. 동물의 옷을 만드는 사람 4. 인디언의 춤 / 5. 즐거운 옛놀이 / 6. 국악기 놀이
	B	1. 어떻게 하고 있니? / 2. 무시운 곢이 오면 / 3. 닌 얼굴로 말혜요 4. 춤추는 장화 / 5. 내 리듬짝은 어디에 6. 느린 달팽이와 빠른 생쥐 / 7. 나팔동굴의 소리요정

(3) 다문화음악교육을 위한 연구결과물 CD

한국전래동요 번역곡 모음곡 CD(Korean Traditional Childhren's Songs sung in Korean, English, Chinese and Japanese)는 한국연구재단 지원에 의한 김영연의 연구 과제 결과물이다(KRF 2000-047-10021; Kim, 2001).

수록곡은 앉았다 섰다, 새는 새는, 대문놀이, 맹꽁, 거무야, 참깨 들깨, 자장 자장으로, CD에 담긴 7개의 전래동요는 유아교육기관에서 활용 가능하도록 최소한으로 편곡되었다. 각각 서양악기와 국악기 반주로 한국어, 영어, 중국어, 일본어로 노랫말이 번역되어 한국, 미국, 중국, 일본 어린이에 의해 불렸으며, CD 연주는 이 곡을 전해 주신 여러 할머니의 노래로 시작한다.

[그림 5-10] 한국전래동요 번역곡 모음 CD자료(노랫말 수록지 포함)

(4) 장르별 감상용 음악곡 목록

① 동요

- 「인어가 되었어요」(김성균 곡), 「시냇가에서」(김성균 곡) 등

② 국악

− 영화 서편제 중「진도 아리랑」「사물놀이」음악 등

③ 서양고전

− 하이든의「놀람교향곡」

− 프로코피예프의「피터와 늑대」와「키제중위 모음곡」

− 비제의「어린이의 놀이 행진곡」

− 카발레프스키의「코메디안 작품 26」

− 슈만의「어린이의 정경 작품 68」

− 생상스의「동물의 사육제」

− 드보르자크의「유모레스크」

− 차이콥스키의「호두까기 인형」중「백조의 호수」

− 비제의「잠자는 숲속의 미녀」

− 비발디의「사계」

− 림스키코르사코프의「땅벌의 비행」

− 코다이의「하리 야노스 모음곡」

− 레너드 번스타인의「전주곡, 푸가와 리프」

− 시벨리우스의「폭풍우 중 작품 109의 1」

− 존 케이지의「4분 33초」

④ 민속음악

− 인도의 라가(Raga) 음악

− 케냐의 음악 '잠보'

⑤ 기타

− 그룹 Acapella의「Set me free」

− 요요마와 멕페린 연주의「Hush little baby」

표 5-1 | 연령별 적합성을 고려한 동요 목록

2세	3세	4세	5세
나처럼 해 봐요		큰북을 울려라	아기다람쥐 또미
봄나들이		허수아비 아저씨	더 빠른 것 더 느린 것
요기여기		동네 한 바퀴	태극기
닮은 곳이 있대요	가을은		여우야 여우야
통통통통	나비야		건너가는 길
악어떼	두꺼비		
머리 어깨 무릎 발	그러면 안 돼		
개구리	곰 세 마리	가을 길	
당신은 누구십니까	밀림으로(신체표현)		
요기여기	달팽이집	고기잡이	아빠 힘내세요
	안녕		
	간다간다		
	동대문을 열어라		

3. 악기

• 밤벨

인도네시아 자바 순다족(Sundanese)에 의해 내려오는 전통악기로 대나무로 만든 종소리 악기라는 뜻의 영문명칭 Bamboo Bell을 줄여서 우리나라에서 밤벨이라고 부른다. 이 악기는 서양의 평균율을 도입했으므로 인도네시아 민속 음악뿐 아니라 전 세계의 다양한 음악을 연주할 수 있는 세계적으로 보편화된 악기이다. 또한 대나무가 부딪치며 맑은 소리를 내어서 자연친화적이고 서정적인 감성을 전하므로 유아에게 들려주기에 적합하다.

• 우쿨렐레

우쿨렐레는 '뛰는 벼룩'이라는 뜻으로 악기 크기는 기타보다 작으며 4개의 줄로 되어 있다. 가볍고 경쾌한 소리를 들려주는 하와이 악기로 비교적 배우기 쉬운 현악기이다.

• 가야금

가야금은 울림통 위에 12현(絃)이 안족
(雁足)으로 받쳐져 있다. 울림통과 현을 만
드는 재료는 거문고와 같다. 가야금의 모
양에는 두 가지가 있는데, 하나는 원래(元來) 것으로 정악(正樂)에 쓰이는 풍류(風流)
가야금이고, 또 하나는 산조(散調)에 쓰이는 산조 가야금이다.

• 거문고

거문고는 울림통 위에 6현(絃)이 얹혀
져 있다. 제 2, 3, 4현은 16개의 괘 위에
걸쳐져 있고 제1, 5, 6현은 안족으로 받쳐
져 있다. 울림통은 위에 오동나무, 밑에는 단단한 밤나무를 많이 쓴다. 줄은 명주실
을 꼬아서 만들며 술대는 해죽(海竹)으로 만든다.

• 아쟁

아쟁은 울림통 위에 7현이 안족으로 받
쳐져 있다. 울림통과 현을 만드는 재료는
거문고와 같다. 개나리 나무로 만든 활대로
줄을 문질러 소리를 낸다. 음색은 거칠은
편이나 웅장하다.

• 해금

공명통 위와 주아에 연결된 두 줄을 원산으로 고이고
2개의 줄 사이에 낀 활로 그으며, 무릎 위에 올려놓고 연
주한다. 낮은 음을 내는 중현과 높은 음을 내는 유현과의
음정이 5도가 되도록 조율한다. 소리는 '깽깽' 하는 소리
가 난다. 고려 때부터 사용한 악기이며, 현악기이지만 관

현편성 외에 관악편성에서 관악기의 취급을 받기도 한다.

• 나각(螺角, Conch Horn)

나각은 '소라 피리'이다. 바다에서 건져 낸 소라껍데기 끝 부분에 구멍을 내어 불면 뱃고동같이 멀리 가는 소리가 난다. 그러나 나각은 피리라는 말이 무색할 만큼 그 구조가 단순하다. 소리가 지닌 자연음을 그대로 낼 뿐이며 음정도 단 한 개밖에 없다. 그럼에도 나각은 아주 오랜 세월 동안 군대의 행렬과 불교 의례에 사용되어 왔다. 현재는 대취타 연주에 사용된다(이화여자대학교, 2002). 유아에게는 바다를 주제로 하는 통합적 음악활동을 할 때 소개하면 좋은 악기이다.

4. 악기상 및 공연장 사이트

악기상

한울림국악기(www.hanullimmusic.com): 국악기 생산 업체

코스모스 악기(www.cosmosmusic.com): 악기 판매 업체

엔젤악기상사(www.angelmusic.co.kr): 오르프악기 생산 업체

낙원동 악기상가(www.enakwon.com): 악기 판매 업체

공연장

국립부산국악원(http://busan.gugak.go.kr)

김해문화의전당(https://www.gasc.or.kr)

대전 예술의전당(http://www.djac.or.kr)

부산문화회관(http://www.bscc.or.kr)

성남아트센터(http://www.snart.or.kr)

세종문화회관(www.sejongac.or.kr)

엘지아트센터(www.lgart.com)

예술의전당(www.sac.or.kr)

의정부예술의전당(http://www.uac.or.kr)

통영국제음악당(http://www.timf.org)

5. 교양음악 도서

1. 음악가와 연인들, 이덕희, 예하, 1994

2. 컴퓨터 음악미디, 이택수, 크라운출판사, 1991

3. IBM PC로 창조하는 음악의 세계, 김종수, OHM사, 1994

4. 바하: 세계음악가의 작품과 인생, 류연형, 음악춘추사, 1993

5. 베토벤: 세계음악가의 작품과 인생, 류연형, 음악춘추사, 1993

6. 쇼팽: 세계음악가의 작품과 인생, 류연형, 음악춘추사, 1993

7. 바그너: 세계음악가의 작품과 인생, 류연형, 음악춘추사, 1993

8. 브루크너: 세계음악가의 작품과 인생, 류연형, 음악춘추사, 1993

9. 브람스: 세계음악가의 작품과 인생, 류연형, 음악춘추사, 1993

10. 차이콥스키: 세계음악가의 작품과 인생, 류연형, 음악춘추사, 1993

11. 말러: 세계음악가의 작품과 인생, 류연형, 음악춘추사, 1993

12. 음악가의 에피소드: 세계음악가의 작품과 인생, 류연형, 음악춘추사, 1993

13. 음악의 이해: 교양, 임정기, 지구문화사, 1995

14. 음악해설과 감상기법: 교양인을 위한, 김을곤, 일신서적, 1993

15. 파가니니: 19세기에 이미 21세기를 살았던 천재음악가, 프란츠파르가, 을지, 1991

16. 한국영아음악연구, 노동은, 음악춘추사, 1984

17. 전통음악의 원리와 교육, 김우현, 한국음악교육연구회, 1995

18. 음악으로 사랑을 배웠네: 김원구 뮤직포럼, 김원구, 우석, 1995

19. 음악가를 알면 클래식이 들린다: 작곡가편, 신동헌, 서울미디어, 1995

20. 음악가와 친구들, 이덕희, 예하, 1995

21. 우리 아이도 음악천재로 키울 수 있다, 로버트 커티이터 저, 전태성, 신예경 역, 철학과 현실사, 2004

22. 좋은 음악이 총명한 아이를 만든다, 샬린 하버마이어 저, 김은정 역, 경성라인, 2000

23. 발달 장애인을 위한 음악치료, 에디스 힐만 박실 저, 김태련 외 역, 이화여자대학교 출판부, 1998

24. 슈타이너 학교의 음악교육, 자안미지자(子安美知子) 저, 최시원 역, 세광음악출판사, 1988

25. 한국동요음악사, 한용희, 세광음악출판사, 1988

26. 사물놀이, 김동원, 길벗어린이, 1998

27. 사물놀이이야기, 김동원, 사계절, 2001

28. 한국의 악기, 이화여자대학교 출판부, 2002

29. 말과 음악, 그리고 그 숨결, 서우석, 문학과 지성사, 1997

30. 열린 음악의 세계, 이강숙, 현음사, 1980

31. 너의 꿈을 펼쳐라, 이원숙, 김영사, 1991

32. 어머니의 피아노 교육, 범영숙, 생활지혜사, 1994

33. 예술교육의 역사와 이론, 고경화, 2003, 학지사

34. 악기들의 도서관, 김충혁, 문학동네, 2008

35. 문화예술운동, 김재용 민경찬, 최열, 조희문, 한국독립운동사 편찬위원회, 독립기념관 한국독립운동사연구소, 2009

36. 고려사악지, 여운필, 도서출판 월인, 2011

37. 한슬리크 음악미학의 철학적 배경, 최은아, 예솔, 2011

38. 뜻밖의 미술 미술관 밖으로 도망친 예술을 만나다, 제니 무사 스프링 저, 손희경 역, 한영문화사, 2015

39. 예술수업, 오종우, 도서출판 어크로스, 2015

40. 몸으로 읽는 동화 쭉쭉이, 함수경, 인정기획, 2015

41. 철학을 쓰고 교육을 입고 예술을 신고 춤추다, 함수경, 밥북, 2015

42. 어쨌든 미술은 재밌다, 박혜성, 글담출판사, 2018

6. 영유아음악교육 관련 학회 및 연구단체

한국영유아음악교육학회 www.kaecme.or.kr

한국음악교육학회 www.kmes.or.kr

한국음악교육공학회 www.kmet.kr

(사)한국예술교육학회 www.artsedu.co.kr

한국문화교육학회 www.caes.or.kr

한국문화예술교육진흥원 www.arte.or.kr

7. 간단한 음악활동을 위한 자료 목록

번호	음악곡	동화책	활동방법	비고
1	사물놀이 음악	사물놀이 동화책	사물악기 합주	
2	백조의 호수	미운오리새끼	가락 신체표현	
3	호두까기 인형	호두까기 인형		교재 p. 103
4	피터와 늑대	피터와 늑대	악기 음색 구별	교재 p. 162
5	마술피리 중 밤의 여왕(아리아)	마술피리	고음 모방 노래 부르기	
6	땅벌의 비행	술탄 황제 이야기	빠르기 신체표현	
7	유모레스크	음악이 흐르는 동화	스타카토와 리가토 그리기	교재 p. 165
8	놀람교향곡		셈여림 악기합주	
9	삭은 밀 변주곡		변무곡 감상	
10	뻐꾹 왈츠		삼박자 지휘	
11	타이프 라이터		손가락 리듬치기	
12	페르퀸트 조곡 중 산속 마왕의 궁전에서	외로운 반딧불	음악극	
13	창작곡	누가 내 머리에 똥 쌌어		

1) 동화책 목록

2) 악보 목록

① 백조의 호수

Tchaikovsky 작곡

② 마술피리 중 밤의 여왕

Mozart

③ 놀람교향곡

Joseph Haydn

④ 작은 별 변주곡

Mozart

⑤ 뻐꾹 왈츠

● 참고문헌

김영연(2000). 한국전래동요 보급의 세계화 방안. 한국연구재단 보고서(KRF 2000-047-10021).

문공사(2001). 음악이 흐르는 동화. 서울: 문공사.

새세대육영회(1986). 새세대 전래동요집.

송유리(2004). 그림악보를 활용한 유아음악활동의 개발과 적용효과: 리듬개념과 선율 개념 형성을 중심으로. 동덕여자대학교 대학원 석사학위논문.

썬미디어(주) (1996). 오페라복스 해설집. 서울: 썬미디어.

안인희(1975). 교육고전의 이해. 서울: 이화여자대학교 출판부.

이화여자대학교(2002). 2002 Ewha Photo Diary 한국의 악기. 서울: 이화여자대학교 출판부.

KBS 영상사업단(2000). 음악을 만든 사람들 제1권-제3권. 서울: KBS 영상사업단.

Campbell, P. S., & Scott-Kassner, C. (2017). *Music in childhood* (4th ed.). NY: Schirmer Books.

Kim, Y. Y. (2001). Introduction traditional Korean Children's Songs to the world: Classroom uses and methods. *International Journal of Early Childhood Education, 7*, 115-134.

Sahakian, M. L., & Sahakian, W. (1974). *Rousseau as educator.* New York: Trwaye Publisher. Inc.

영유아음악교육 수업계획안

. . .

제6장은 영유아음악교육 수업 실제를 위한 수업계획안 작성에 도움을 주는 데 목적을 두었다. 노래지도, 악기지도, 감상지도, 음악 만들기의 음악활동에 필요한 수업계획안 모델을 각각 제시하고 주어진 모델을 참고로 학습자가 직접 수업계획안을 완성하는 경험을 해 보도록 주어진 틀 안에서 빈칸을 채워 가는 방식으로 전체를 완성하게끔 구성하였다. 또한 이 장에서는 수업계획안 작성 시의 유의점으로 매회 수업의 활동명은 선정한 음악곡의 곡명을 따르도록 지시하였다. 그 이유는 교사에게 곡에 대한 특성 파악이 일차적인 과업임을 강조함으로써 선정한 곡에 담긴 음악적 개념과 요소를 이해하게 하기 위해서이다. 또한 이것을 중심 내용으로 삼아 수업을 펼칠 때 계획한 활동은 음악을 이용하는 수동적 수업이 아니라 음악을 활용하는 능동적 수업으로 전환될 수 있기 때문이다. 그리고 누리과정과 표준보육과정이 준수되어야 하므로 교사는 생활주제, 통합교육 관련 영역의 범위와 내용 분석을 필요로 하며 학습자인 유아의 연령, 집단구성, 시간 및 공간의 구성, 활동시간과 준비물에 대한 계획도 필요하므로 이 모든 요소가 수업계획안에 포함되도록 강조하였다. 이렇게 계획된 음악활동은 교육목표, 교육내용, 활동방법으로 세분화되어 영유아에게 전달될 때 명실공히 교육적 가치를 드러내는 영유아음악수업이 될 것이다. 우리 함께 노력해 보기로 하자.

1. 노래지도를 위한 수업계획안

「곡명」으로 활동명을 정한다.

1) 「작은 동물원」 노래지도

1. 생활주제: 동물
2. 활동명: (그림악보)를 이용한 노래 부르기
3. 곡명: 「작은 동물원」(김성균 요 · 곡) (김성균, 「동요 제2집」, p. 19 참고)
4. 강조되는 음악적 개념: 리듬(♪ ♩ ♪ ♩ / ♪ ♪ ♪ ♪ ♩), 음색
5. 통합교육의 범위와 내용

   음악영역-가창, 기악

   예술영역-신체표현, 그리기, 극 놀이

   교과영역-언어, 사회, 조형
6. 대상연령: 만 4세
7. 집단구성: 대집단
8. 시간구성: 대그룹 활동시간
9. 공간구성: 블록영역
10. 활동시간: 15~20분
11. 준비물: 그림악보, 피아노, 작은동물원 노래 음원, 리듬악기

교육목표

① 그림악보를 이용해 리듬과 선율을 쉽게 익힌다.
② 동물의 이름과 동물이 내는 소리를 노래 부르기를 통해서 인지하고 표현해 보는 즐거움을 갖는다.
③ 손뼉치기, 발구르기, 무릎치기를 통해 리듬감, 박자감을 발달시킨다.

교육내용

동물에 관한 이야기를 나누어 영유아의 흥미를 유도하고 그림악보를 통해 청각·시각적 감각을 경험하게 하여 쉽게 리듬과 선율을 익히고 즐겁게 노래 부르도록 한다.

활동방법

Ⅰ. 사전활동

① 자유선택활동 후 정리시간에 「작은 동물원」 노래를 피아노로 또는 녹음한 테이프로 미리 들려준다.

② 정리가 끝난 후 모여 앉으면 동물 소리가 녹음된 테이프나 책 또는 동영상을 보여 준다.

③ 교사와 영유아들은 동물에 관해서 이야기 나눈다.

Ⅱ. 본활동

① 교사는 노래제목을 소개하고 먼저 노래를 불러 준다.

② 이 노래를 아는 영유아가 있다면 기회를 주어 친구들 앞에서 불러 보게 한다.

③ 피아노로 단음 멜로디만 들려준다.

④ '아' '라' 등으로 멜로디만 노래 부르며 그림악보의 선율 흐름을 익힌다.

⑤ 손뼉치기, 무릎치기, 발구르기로 그림악보를 보면서 리듬을 익힌다.

⑥ 영유아들의 선율, 리듬 표현이 자연스러워지면 그림과 함께 가사를 소개한다.

⑦ 교사는 가사로 다시 노래를 불러 준다.

⑧ 영유아들의 흥미를 살피면서 익숙해질 때까지 여러 번 반복하여 노래 부른다.

Ⅲ. 사후활동

① 교사는 노래에 맞는 율동을 노래 부르며 표현해 주고 영유아들이 따라서 즐겁게 표현하며 노래 부른다.

② ①의 활동이 자연스러워지면 영유아 스스로가 생각해 낸 신체표현으로 바꾸어 표현하며 노래 부른다.

③ 사회, 미술, 음악 교과와의 통합으로 동물원을 견학하고 온 후 동물 가면을 만들어 노래극으로 연결할 수 있다.

작은 동물원

[그림 6-1] 「작은 동물원」 오선악보와 그림악보

2) 「겨울바람」노래지도

1. 주제: 겨울

2. 활동명: 여러 가지 방법으로 노래 부르기

3. 곡명: 「겨울바람」(신인숙, 「음악이론과 반주법」, p. 254 참고)

4. 강조되는 음악적 개념: 리듬(♪ ♪ ♪ ♪ ♩), 세기

5. 통합교육의 범위와 내용

   음악영역-가창, 기악, 감상

   예술영역-신체표현, 문학, 그리기

   교과영역-언어, 과학

6. 대상연령: 만 5세

7. 집단구성: 대집단

8. 시간구성: 대그룹 활동시간

9. 공간구성: 블록영역

10. 활동시간: 15~20분

11. 준비물: 그림악보, 그림카드, 피아노, 겨울바람 노래 음원, 그림자료

교육목표

① 그림악보를 이용해 리듬과 선율을 쉽게 익힌다.

② 노래 부르기를 통해서 계절의 차이를 인지하고 표현해 보는 즐거움을 갖는다.

③ 손뼉치기, 발구르기, 무릎치기를 통해 리듬감, 박자감을 발달시킨다.

교육내용

그림자료를 통한 상상력을 「겨울바람」 노래와 연결하여 악기, 그림 그리기, 비발디의 사계 중 「겨울」 감상하기까지 연계활동을 하게 한다.

활동방법

(활동방법 I, II, III을 학습자가 직접 작성해 보도록 하자.)

Ⅰ. 사전활동

_____

_____

_____

Ⅱ. 본활동

_____

_____

_____

_____

_____

Ⅲ. 사후활동

_____

_____

_____

겨울바람

[그림 6-2] 「**겨울바람**」 **오선악보**

2. 악기지도를 위한 수업계획안

1) 「우리들의 악기 연주」 악기지도

1. 주제: 해당 없음

2. 활동명: 리듬악기 연주해 봐요

3. 곡명: 「우리들의 악기 연주」(김용희 작사, 장은주 작곡) (『교육부 자료집』, p. 33 참고)

4. 강조되는 음악적 개념: 리듬(♪ ♪ ♩ ♪ ♪ ♩), 음색

5. 통합교육의 범위와 내용

　　음악영역–기악, 가창, 감상, 창작

　　예술영역–신체표현

　　교과영역–언어, 사회

6. 대상연령: 만 4세

7. 집단구성: 대집단

8. 시간구성: 대그룹 활동시간

9. 공간구성: 블록영역

10. 활동시간: 15~20분

11. 준비물: 리듬악기(마라카스, 탬버린, 트라이앵글, 캐스터네츠), 그림악보, 피아노, 「우리들의 악기 연주」 녹음 음원

교육목표

① 여러 가지 악기를 이용하여 소리를 낼 수 있다.

② 악기를 연주하는 경험을 한다.

③ 다른 친구의 악기연주를 잘 들을 수 있다.

교육내용

자유로운 리듬악기 연주에서 정확한 리듬(♪♪♩ ♪♪♩) 연주 및 리듬 합주를 경험한다.

활동방법

Ⅰ. 사전활동
① 미리 녹음한 음악 테이프를 들려주고 어떤 악기로 연주했는지 이야기 나눈다.
② 영유아들이 잘 모르면 한번 더 들려주고 악기연주 부분만 따로 한 번 더 들려준다.
③ 이야기 나눈 악기를 실제로 연주해 주며 확인하고 이해하게 한다.

Ⅱ. 본활동
① 먼저 그림악보에 있는 트라이앵글과 캐스터네츠를 자유롭게 연주하게 한다.
② 그다음 마라카스, 탬버린을 자유롭게 연주하게 한다.
③ 노래의 리듬에 맞추어(♪♪♩ ♪♪♩) 악기를 연주하게 한다.
④ 노래의 마지막에서는 사용된 리듬악기로 모두 4마디를 연주하도록 이끌어준다.
⑤ 한 개의 리듬악기 연주와 리듬합주의 느낌이 어떻게 다른지 이야기 나눈다.

Ⅲ. 사후활동
① 다른 리듬악기를 사용하여 새로운 리듬합주를 경험하게 한다.
② 악기 없이 영유아 자신의 몸이 악기가 되어 신체표현으로 표현해 보게 한다.
③ 영유아들의 연주를 녹음해 두고 들리는 소리를 듣고 어떤 악기인지 알아맞히는 게임으로 연결하여 다시 한 번 더 악기음색을 인지하게 한다.

우리들의 악기 연주

김용희 작사
장은주 작곡

우 리 모 두 – 함 께 모 여 – 악 기 연 주 해 봐 요

칭 칭 이 소 리 내 면   딱 딱 이 소 리 내 면

(마라카스)   (탬버린)

모 두 함 께 – 소 리 내 면 – 이 런 소 리 나 지 요

[그림 6-3] 「우리들의 악기 연주」 오선악보

2) 「개구리」 악기지도

1. 주제: 동물

2. 활동명: 리듬합주

3. 곡명: 「개구리」(김성균 요·곡)

4. 강조되는 음악적 개념: 음색

5. 통합교육의 범위와 내용

   음악영역—기악, 가창, 창작, 감상

   예술영역—신체표현, 극놀이, 조형

   교과영역—언어, 과학, 사회, 수, 조형

6. 대상연령: 만 5세

7. 집단구성: 대집단

8. 시간구성: 대그룹 활동시간

9. 공간구성: 블록영역

10. 활동시간: 20~25분

11. 준비물: 리듬악기, 리듬합주악보, 피아노, 개구리 녹음 테이프, 카세트, 영유아들이 만든
    개구리 왕관

교육목표

① 리듬에 맞추어 리듬악기를 다루어 봄으로써 리듬감과 표현력을 기른다.

② 영유아들이 만든 리듬악기(마라카스)를 다루며 음악을 즐긴다.

③ 노래와 악기의 조화를 느끼고 이해한다.

④ 여러 가지 악기 음색에 귀 기울인다.

교육내용

미리 배운 「개구리」 노래의 가사를 이용해 악기소리 탐색, 리듬악기 연주, 리듬
합주, 개구리가 되어 보기 등을 경험하게 한다.

활동방법

(활동방법 I, II, III을 학습자가 직접 작성해 보도록 하자.)

I. 사전활동

_____

_____

_____

II. 본활동

_____

_____

_____

_____

_____

III. 사후활동

_____

_____

_____

개구리

김성균 요·곡

엄 마 개 구 리 가 노래 부른다 꽥 꽥 꽥 꽥 꽥 꽥 꽥 꽥 꽥 꽥 꽥 꽥
아 기 개 구 리 가 노래 부른다 깩 깩 깩 깩 깩 깩 깩 깩 깩 깩 깩 깩
아 빠 개 구 리 가 노래 부른다 골 골 골 골 골 골 골 골 골 골 골 골

이 야 이 야 요   이 야 이 야 요   이 야 이 야 이 야 이 야 이 야 이 야 요

[그림 6-4] 「개구리」 오선악보

3. 감상지도를 위한 수업계획안

1) 「작은 별」 감상지도

1. 주제: 우주
2. 활동명: 모차르트의 「작은 별」 변주곡 감상하기
3. 곡명: 「작은 별」(모차르트)
4. 강조되는 음악적 개념: 선율(do-sol-la)
5. 통합교육의 범위와 내용

　음악영역-감상, 가창, 기악, 창작

　　예술영역-신체표현

　　교과영역-언어, 과학
6. 대상연령: 만 4세
7. 집단구성: 대집단
8. 시간구성: 대그룹 활동시간
9. 공간구성: 블록영역
10. 활동시간: 15~20분
11. 준비물: 베이비 모차르트 영상자료, 피아노, 「작은 별」 음원, 에어캡(일명 뽁뽁이 A4 크기),

　그림악보, 리듬악기, 선율악기

교육목표

① 모차르트의 「작은 별」 변주곡을 감상한다.
② 그림악보를 보면서 선율의 흐름을 이해한다.
③ 신체를 이용하여 「작은 별」 선율을 익힌다.
④ 에어캡(일명 뽁뽁이)의 소리를 탐색하면서 음악의 느낌을 표현한다.
⑤ 악기연주를 함께하면서 음악을 감상한다.
⑥ 주제의 선율, 가사를 바꾸어 음악을 만들 수 있다.

교육내용

「작은 별」의 주제 선율을 신체, 소도구, 악기 등을 이용하여 다양한 방법으로 감상하게 한다.

활동방법

Ⅰ. 사전활동
자유선택활동 시간에 교사는 모차르트의 「작은 별」 변주곡 음원을 들려준다.

Ⅱ. 본활동
① 모차르트의 「작은 별」 변주곡의 '주제' 부분만을 들려주고 모차르트와 곡에 대해서 이야기 나눈다.
② 「작은 별」 변주곡이 사용된 비디오를 감상한다.
③ 음악에 대한 느낌을 이야기 나눈다.
④ 이번에는 신체를 이용하여 「작은 별」 선율을 머리(라), 어깨(솔), 가슴(파), 허리(미), 허벅지(레), 무릎(도)으로 표현하게 한다. 이때 교사는 「작은 별」은 do-sol-la로 구성됨을 설명해 준다.
⑤ 위의 활동이 자연스러워지면 에어캡(일명 뽁뽁이)을 나누어 주고 음악에 맞추어 창의적인 방법(손가락, 손바닥, 발 등으로 치기, 때리기, 밟기, 흔들기 등)으로 터뜨려 보게 한다.
⑥ 음악에 맞춰 에어캡(일명 뽁뽁이)을 터뜨려 본 느낌을 이야기 나눈다.
⑦ 에어캡(일명 뽁뽁이) 놀이가 끝나면 계명창을 하게 한다.
⑧ 계명창을 신체표현과 함께해 보고 가사로도 노래 부른다.

Ⅲ. 사후활동
① 리듬악기로 연주하게 한다.
② 영유아를 두 그룹으로 나누어 한 그룹은 계명창으로, 다른 한 그룹은 리듬악기 연주를 하게 한다.

③ 원래 가사를 바꾸어 가사 창작을 하게 하고 노래 부른다.

④ '반짝반짝' 선율을 다르게 만들어 보게 하고 실로폰으로 연주해 본다(예: 도도솔
솔 → 도솔도솔 또는 솔솔미미 등 다양하게 변주).

⑤ 선율을 만들고 연주해 본 느낌에 대해서 재미있는 점, 어려운 점 등을 이야기
나눈다.

작은 별

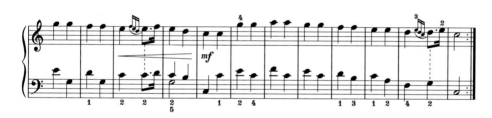

[그림 6-5] 「작은 별」 오선악보

2) 「피터와 늑대」 감상지도

1. 주제: 동물
2. 활동명: 학문 간의 통합적 음악감상
3. 곡명: 「피터와 늑대」(프로코피예프) (이 책 p. 100 참고)
4. 강조되는 음악적 개념: 음색(악기 음색 구별: 현악기, 플루트, 오보에, 클라리넷, 바순, 호른, 캐틀드럼, 작은북)
5. 통합교육의 범위와 내용

   음악영역–감상, 악기

   예술영역–문학, 조형, 신체표현

   교과영역–조형, 언어
6. 대상연령: 만 5세
7. 집단구성: 대집단
8. 시간구성: 대그룹 활동시간
9. 공간구성: 블록영역
10. 활동시간: 15~20분
11. 준비물: 조수미가 해설을 곁들인 「피터와 늑대」 CD, 신나는 음악감상 「피터와 늑대」 주제별 CD, 비디오 또는 동화자료, 악기사진 또는 악기그림, 실물악기(바이올린, 첼로, 플루트, 팀파니 등)

교육목표

① 음악동화를 통하여 감상 수업을 한다.
② 악기 소리에 따른 음색을 구별할 수 있다.
③ 악기의 이름과 연주 방법을 표현하고 인지한다.
④ 등장인물의 주제와 악기를 연결하여 이해한다.

교육내용

상품화되어 나와 있는 조수미가 해설을 곁들인 CD를 사용하여 이야기와 함께 음악을 연결하고 구체적인 악기의 음색과 이름, 연주법까지 표현하며 감상 수업을 하게 한다.

활동방법

(활동방법 I, II, III을 학습자가 직접 작성해 보도록 하자.)

Ⅰ. 사전활동

_____

_____

_____

Ⅱ. 본활동

_____

_____

_____

_____

Ⅲ. 사후활동

_____

_____

Peter and the Wolf

[그림 6-6] 「피터와 늑대」 중 피터 테마 오선악보

3) 「유모레스크」 감상지도-점과 선의 이용

1. 주제: 해당 없음

2. 활동명: 「유모레스크」 음악감상

3. 곡명: 「유모레스크」(드보르자크)

4. 강조되는 음악적 개념: 형식(세 도막형식)

5. 통합교육의 범위와 내용

　음악영역-감상, 가창

　예술영역-그리기, 신체표현

　교과영역-조형

6. 대상연령: 만 4세

7. 집단구성: 대집단

8. 시간구성: 대그룹 활동시간

9. 공간구성: 블록영역

10. 활동시간: 15~20분

11. 준비물: 그림동화, CD, CD플레이어, 도화지, 크레파스, 색연필, 색종이, 가위, 풀

교육목표

① 음악을 만들어 내는 사람이 '작곡가'임을 안다.

② 작곡가 드보르자크의 생애를 동화로 듣고 이해한다.

③ 음악의 느낌을 언어, 신체, 선 그림으로 표현한다.

④ 바른 태도로 음악을 감상한다.

교육내용

　잘 알려져 있는 「유모레스크」의 음악을 감상하고 음악이 주는 느낌을 언어, 신체, 그림 등의 다양한 방법을 통하여 표현하게 한다.

활동방법

Ⅰ. 사전활동

유모레스크를 배경음악으로 틀어 놓고 드보르자크의 생애를 그림동화로 들려 준다(KBS어린이 음악회, 「음악으로 그린 그림」 – KBS 영상사업단에서 클래식 음악을 듣고자 하는 영유아들을 위해 묘사음악만을 골라 음반과 책을 만들었는데, 그중 「음악으로 그린 그림」은 무엇을 그린 것인지 어떤 이야기를 담고 있는지 상상하면서 들을 수 있는 좋은 감상 자료이다).

Ⅱ. 본활동

① 유모레스크 음악을 들려준다.

② 음악의 느낌을 이야기 나눈다.

③ 영유아들과 들리는 음악에 맞추어 신체로 자유롭게 걷고, 뛰고, 깡충거리기 등을 표현하게 한다.

④ 도화지와 색연필을 나누어 주고 음악을 잘 들으며 '선'으로 그림 그리기를 한다.

⑤ 영유아들이 표현한 선 그림을 한 명씩 차례로 돌아가며 설명하게 해 주고 느낌을 이야기 나눈다.

Ⅲ. 사후활동

① 자유선택활동 시간에 나비, 꽃, 인형, 사람 등등을 직접 만들고 이 소도구를 가지고 음악에 맞추어 표현해 보게 한다.

② 영유아들의 선 그림을 게시판에 전시해 준다.

유모레스크

드보르자크 작곡

[그림 6-7] 「유모레스크」 일부 오선악보

4. 음악 만들기 지도를 위한 수업계획안

1) 「달팽이 집」 음악 만들기

1. 주제: 동물

2. 활동명: 달팽이 집을 새로 지어요

3. 곡명: 「달팽이 집」(외국 곡) (김영연, 김광자, 『반주법의 이론과 실제』, p. 195 참고)

4. 강조되는 음악적 개념: 선율(올라가는 선율／ 내려오는 선율＼), 강약(점점 세게, 점점 작게)

5. 통합교육의 범위와 내용

　음악영역─가창, 창작, 기악

　예술영역─신체표현, 조형

　교과영역─언어, 사회, 과학

6. 대상연령: 만 4세

7. 집단구성: 소집단, 대집단

8. 시간구성: 자유선택활동

9. 공간구성: 음률영역

10. 활동시간: 15~20분

11. 준비물: 그림악보, 리듬악기, 훌라후프, 스카프, 피아노, 달팽이 손 인형

교육목표

① 「달팽이 집」의 선율을 정확하게 노래 부른다.

② 「달팽이 집」의 음의 높이를 소도구를 이용해 이해한다.

③ 「달팽이 집」의 강약을 노래로, 신체로, 도구(스카프, 훌라후프 등)를 가지고 표현한다.

④ 노래의 선율을 바꾸어 음악을 만들 수 있다.

교육내용

새 노래 지도 시 배운 노래를 가지고 그 노래의 선율, 강약의 음악적 개념을 소도구, 악기 등으로 표현하고 익힌 후 새로운 선율을 만들어 음악에 대한 느낌을 이야기하고 경험한다.

활동방법

Ⅰ. 사전활동
① 달팽이에 대해서 이야기 나눈다.
② 미술 영역에서 달팽이 손 인형을 만든다.
③ 새 노래 지도 시 노래를 배운다.

Ⅱ. 본활동
① 교사와 영유아들은 함께 「달팽이 집」 노래를 부른다.
② 계명창으로 노래한다.
③ 영유아를 4그룹으로 나누어 색색의 스카프를 가지고 교사가 쳐 주는 피아노 음악에 맞추어 느낌을 표현한다(이때 교사는 점점 세게, 점점 여리게, 크게, 작게 등의 다이나믹을 잘 표현해 준다).
④ 이번에는 계명창으로 노래 부르며 스카프로 음의 높이를 자유롭게 표현하게 한다.
⑤ 점점 크게, 점점 작게 부분의 선율을 영유아들이 바꾸어 만들고 영유아 또는 교사가 피아노로 들려준다.
⑥ 영유아가 새로 만든 선율로 노래 부른다.
⑦ 영유아 한 명씩 돌아가며 선율을 만들고 달팽이 손가락 인형을 끼고 노래 부른다.
⑧ 영유아들이 선율을 창작한 느낌을 이야기 나눈다.

Ⅲ. 사후활동

① 점점 크게와 점점 작게의 가사 부분을 리듬악기를 이용해서 악기 소리로 표현
   하게 한다.

② 위의 활동이 자연스러워지면 그룹별로 훌라후프를 나누어 주고 올라가는 선
   율, 내려오는 선율, 큰 소리, 점점 커지고 점점 작아지는 소리, 작은 소리 등을
   협동하여 표현하게 한다.

③ 그룹으로 도구를 사용하여 음악적 개념을 표현해 본 느낌을 이야기 나눈다.

달팽이 집

[그림 6-8] 「달팽이 집」 오선악보

2) 「똑같아요」음악 만들기

다음의 밑줄 친 내용은 학습자가 직접 작성해 보도록 한다.

1. 주제: _____

2. 활동명: _____

3. 곡명: _____

4. 강조되는 음악적 개념: _____

5. 통합교육의 범위와 내용

   음악영역– _____

   예술영역– _____

   교과영역– _____

6. 대상연령: _____

7. 집단구성: _____

8. 시간구성: _____

9. 공간구성: _____

10. 활동시간: _____

11. 준비물: _____

교육목표

_____

_____

_____

교육내용

_____

_____

_____

활동방법

Ⅰ. 사전활동

_____

_____

_____

Ⅱ. 본활동

_____

_____

_____

_____

_____

Ⅲ. 사후활동

_____

_____

_____

똑같아요

윤석중 작사
외국 곡

[그림 6-9] 「똑같아요」 오선악보

3) 「허수아비 아저씨」 음악 만들기

다음의 밑줄 친 내용은 학습자가 직접 작성해 보도록 한다.

1. 주제: _____

2. 활동명: _____

3. 곡명: _____

4. 강조되는 음악적 개념: _____

5. 통합교육의 범위와 내용

　음악영역– _____

　예술영역– _____

　교과영역– _____

6. 대상연령: _____

7. 집단구성: _____

8. 시간구성: _____

9. 공간구성: _____

10. 활동시간: _____

11. 준비물: _____

교육목표

① 제재곡의 리듬형을 박수치기, 무릎치기 등으로 정확하게 표현한다.

② 4/4박자의 여러 가지 리듬형을 생각해 낸다.

③ 교사가 선정한 마디의 리듬을 창작하고 악기와 노래 부르기로 연결한다.

교육내용

새 노래 지도 때 배운 노래를 이용해 제시된 리듬카드를 선택하여 리듬창작을 먼저 해 보고 잘 이루어지면 영유아들의 창의적인 선율창작을 이끌어 악기와 노래 부르기까지 통합시키고 창작의 즐거움을 알게 한다.

활동목표

Ⅰ. 사전활동

① 새 노래 지도 때 배운 「허수아비 아저씨」 노래를 부른다.

② 「허수아비 아저씨」에 사용된 리듬이 적힌 리듬카드를 보면서 손뼉치기, 무릎
  치기, 발구르기 등으로 리듬치기 한다.

  (♪♪♪♩♩ / ♩♩ ♩ / ♩ ♩ ♪♪♪ / ♩♩♩쉼 / ♩ ♪♪♩♩ / ♪♪♪♩쉼)

Ⅱ. 본활동

① 제시된 리듬카드를 이용하여 교사가 요청한 한 마디의 리듬을 영유아가 다른
  리듬으로 바꾸어 자석칠판이나 융판에 붙인다(♩♩♪♪♩ / ♪♪♪♪♪♪♩ / ♩
  ♩♩♪♪/……).

② 영유아가 창작한 리듬으로 바꾸어 손뼉치기를 한다.

③ 한 명씩 돌아가며 리듬창작을 할 수 있게 배려하고 2마디, 3마디, 4마디……
  로 확장하며 리듬창작을 하게 한다(영유아들의 리듬창작을 칭찬해 준다).

④ 영유아들이 창작한 리듬을 처음부터 끝까지 무릎치기로 표현한다.

⑤ 위의 활동이 자유로워지면 리듬악기를 가지고 창작된 리듬을 연주한다.

Ⅲ. 사후활동

① 영유아들이 창작한 리듬을 손뼉치기를 하면서 노래도 함께 부른다.

② 위의 활동이 자유로워지면 리듬악기로 리듬치기를 하면서 노래도 함께 부른다.

③ 리듬창작을 해 본 느낌이나 재미있는 점, 어려운 점 등을 이야기 나눈다.

④ '쨱 쨱 쨱쨱쨱' 마디를 영유아들이 창작한 선율에 맞추어 선율악기로 연주해
  본다.

⑤ 창작된 선율에 맞추어 노래 부른다.

⑥ 영유아들도 얼마든지 예쁜 노래를 만들 수 있다는 것을 이야기 나누고 칭찬해
  준다.

허수아비 아저씨

[그림 6-10] 「허수아비 아저씨」 오선악보

4) 「호두까기 인형」 음악극 만들기

1. 주제: 세계 여러 나라

2. 활동명: 학문 간의 통합적 음악감상

3. 곡명: 호두까기 인형(차이콥스키 작) (이 책 p. 179 참고)

4. 강조되는 음악적 개념: 박자(2/4, 3/4, 4/4)

5. 통합교육의 범위와 내용

   음악영역–감상, 가창

   예술영역–문학, 극놀이, 신체표현

   교과영역–조형, 과학

6. 대상연령: 만 5세

7. 집단구성: 대집단

8. 시간구성: 대그룹 활동시간

9. 공간구성: 블록영역

10. 활동시간: 15~20분

11. 준비물: 동화자료, 녹음테이프, 도화지, 크레파스, 색연필

교육목표

① 음악을 듣고 자신의 감정을 신체, 그림, 언어 등의 다양한 방법으로 표현한다.

② 음악을 주의 깊게 듣는 태도를 기른다.

③ 음악을 감상할 때는 조용히 앉아 다른 친구에게 방해가 되지 않아야 한다는 것을 이해한다.

④ 간단한 이야기를 극 놀이로 표현한다.

교육내용

잘 알려져 있는 「호두까기 인형」을 선정하여 음악을 잘 들으며 영유아들의 느낌을 몸으로, 그림으로, 말로 표현해 보도록 유도한다.

활동방법

Ⅰ. 사전활동

① 자유선택시간이 끝나고 정리시간에「호두까기 인형」음악을 배경음악으로 들려준다.

② 동화를 들려준다(그림동화, 테이블동화, 인형극).

Ⅱ. 본활동

① 영유아들에게 감상곡인「호두까기 인형」의 작곡가, 작가, 음악 내용을 간단히 소개한다.

② 조용히 잘 들어 보라고 하고 음악을 들려준다(스페인의 초콜릿 춤, 아라비아의 커피들의 춤, 중국차의 춤, 러시아의 춤, 갈대피리의 춤, 별사탕의 춤 중에서 선곡하여 들려준다).

③ 들은 음악에 대한 영유아들의 느낌을 이야기 나눈다.

④ 이번에는 선택된 부제를 설명해 주고 음악에 맞추어 신체로 움직여 보게 한다 (예를 들어, 별사탕처럼 춤을 춰 보자, 갈대피리처럼 춤을 춰 보자).

⑤ 신체표현이 끝나고 나면, 들리는 음악을 '선 그림'으로 도화지에 영유아의 느낌을 표현하게 한다.

⑥ 활동마다 교사는 영유아의 표현을 칭찬해 주고 격려해 준다.

Ⅲ. 사후활동

① 실제 호두까기 인형 공연을 보러 가거나 영상자료로 간접 경험을 해 보도록 한다.

② 세계 여러 나라와 그 나라마다의 춤에 대해서 책이나 컴퓨터에서 찾아보고 이야기 나누기나 스크랩을 해 본다.

③ 더 나아가 우리나라의 춤에 대해서도 연결하여 조사하고 이야기 나눈다.

The Nutcracker

[그림 6-11] 「호두까기 인형」 중 서곡 일부 오선악보

참고문헌

교육부(2000). 제6차 유치원 교육 활동 지도 자료집.

김영연, 김광자(2001). 유아교사를 위한 반주법의 이론과 실제. 서울: 학지사.

최신앙(2000). 김치는 싫어유 서울; 보림출판사.

한국어린이육영회(1996). 전래동요 큰 책. 서울: 한국어린이육영회.

한국어린이육영회(2001). 유아 음악교육의 다각적인 접근. 서울: 한국어린이육영회 연수원.

음악 출처: 앤더슨의 타이프라이터 http://blog.naver.com/jmopiano/120016291981

제1장

영유아음악 교사교육

우리는 흔히 교육의 질은 교사의 질을 능가하지 못한다고 이야기한다. 그만큼 교사교육이 중요하다는 의미이다. 그러나 교사교육의 내용과 방법은 시대의 흐름에 따라 변화를 늘 요구하므로 포스트모더니즘을 구가하는 현대사회를 살아가는 오늘날, 영유아교사 역시 시대적 요구에 부응할 만한 교육전문가로서의 지식수준과 역할이 필요하다. 이에 이 장에서는 영유아교사에게 필요한 전문적 지식에 대하여 음악을 중심으로 생각해 보고자 한다.

1. 변화하는 사회

미래사회는 다양하고 창의적인 능력을 갖춘 전문인으로서의 개인을 요구한다. 이에 영유아교육의 목표와 내용, 교수법은 과거보다 좀 더 발전된 이론적 배경에 기초하여 계획되어야 하고 영유아교육에 대한 교사의 인식 역시 과거 경험적, 과학적 분석 중심에서 더 나아가 반성적, 해석학적, 비판적으로 접근해 볼 필요가 있다. 이는 다양한 측면에서의 영유아교사의 다양한 역할을 강조하는 것으로, 예를 들면 과거의 음악교사는 교양인을 기른다는 목표 아래 일정한 분량의 음악적 경험을 영유아에게 전달하였다면, 오늘날의 영유아교사는 영유아에게 음악 지식을 전달하는 것은 물론이고 그들의 음악적 잠재력을 발견하고 계발하여 음악적 능력을 향상시키는 과정을 구체적으로 실행하여 영유아가 음악적 감수성을 갖춘 생활인으로 성장하도록 길러 내는 주인공이다.

영유아와의 풍성한 음악적 상호작용을 위하여 교사는 우선 영유아를 둘러싸고 있는 물리적, 인적 환경을 포함한 사회문화적 환경을 다각적으로 이해해야 한다. 그리고 가정과의 연계를 통해 음악교육에 관한 원활한 상호작용에 기초하여 영유아가 앞으로 복잡·다양한 현대사회를 잘 살아가는 데 반드시 필요한 따뜻한 마음과 풍부한 감성을 기르도록 도와야 한다. 관련하여 레이위드(Raywid, 1995)는 교사가 영유아에게 음악을 통한, 음악을 향한, 음악을 위한 삶의 향기를 불어넣어 줌으로써 누구에게나 평생 질 높은 문화적 삶을 향유할 수 있도록 도와야 한다고 하였다. 이상은 현대 음악교육이 목표 설정과 내용 선정에 있어서 매우 구체적이어야 함을 의미한다.

따라서 영유아교사는 영유아에게 바람직한 음악교육을 제공하기 위하여 어떠한 방식의 자기 변화를 교사가 모색해야 하는지에 대해 스스로 탐구해야 한다. 그리고 영유아교사를 배출하는 교사양성기관과 교육현장 그리고 영유아교육 정책 기관에서는 영유아음악교육 연구에 지속적인 노력을 기울여야 할 것이다. 특히 디지털 산업의 초급속 발전으로 인하여 시대변화에 동반하는 교육의 예측이 어려운 이 시대에 영유아교사는 영유아의 개성과 능력, 개인차를 예민하게 관찰하여 그들의 음악적 특성을 발견하고, 영유아 각자의 가정환경, 영유아교육기관 내에서의 인간관계, 또래집단, 그리고 그들이 소속된 각양각색의 지역사회와 관계를 맺으며 영유아 발달 및 성장에 긍정적 영향을 미칠 수 있어야 한다. 이를 위해 사회 변화와 주변 환경에 관한 정보를 관찰하고, 탐색하고, 학습하여 영유아를 이해하는 데 도움을 주어야 한다. 이를 위해 교실은 물론 교육기관 내 공간과 구성원 상호 간에 협력 체제를 구축하고 그들과 원만한 관계를 유지하면서 영유아교육에 이바지해야 할 것이다.

2. 변화하는 교육관

플라톤(Platon)을 중심으로 한 이전의 관념론적 교육철학은 현대사회로 오면서 홀(Hall)과 손다이크(Thorndike)의 경험–과학적 교육철학, 그리고 피아제(Piaget)와 듀이(Dewey)의 발달론적 교육이론으로 확대되었다. 이러한 교육사조는 우리나라 교육과정의 틀을 형성하는 이론적 근간이 되었고 이후 브론펜브레너(Bronfenbrenner), 비고츠키(Vygotsky), 아도르노(Adorno) 등 사회심리학자들의 인간중심으로부터 주변 환경으로 확대하는 포괄적인 관점으로의 교육에 대한 의미부여는 현대 교육에 많은 시사점을 제공하였다. 즉, 교육이란 구성원이 속하는 문화와 사회에 대한 이해에서 출발한다는 그들의 주장은 인간발달의 중요한 요소로 영유아의 직접적이고 다양한 경험을 중시하며 이를 결정하는 사회문화적 제반 여건에 대한 관심 갖기의 필요성이라고 얘기할 수 있다.

브루너(Bruner, 1996) 역시 이들의 주장을 지지하였는데 이는 곧 영유아음악교육에도 적용된다. 한 명의 영아나 유아가 둘러싸고 있는 모든 음악환경, 이를테면 가정의 음악환경, 교육기관의 또래집단 환경과 교실 내외의 음악환경, 가정과 교육기관 소속의 지역 음악환경, 그 외에 교사가 소속된 동아리나 종교단체 등의 제반 음악 환경은 교사의 음악적 역량에 직간접적 영향을 주어 그들의 음악에 대한 상대적 역동성이 결과적으로 영유아에 대한 음악적 이해를 도와 영유아음악교육의 효과를 불러온다는 것이다.

또한 최근의 사회적 변화는 교육을 탈현대(Post-Modern)적 관점에서 보게 한다. 영유아, 학부모, 교사, 그 외에 영유아와 관련된 모든 사람과 환경의 입장과 특성에 바탕을 두고 영유아교육기관교육을 반성하고 계획하며 새롭게 실천한다면 교육은 발전하게 되어 있다. 즉, 오늘날의 세상은 하나의 공동체이기를 꿈꾸며 다각화하고 다변화하는 구조이므로 교육에서의 탈현대적 관점은 다각적으로 시시각각 요구된다. 영유아교육의 목표 또한 단순한 지식의 전달이나 과학적 경험의 제공에 머무르기에는 아쉬운 점이 많다. 이에 예술 특히 음악을 통한 포괄적 접근은 유아의 전인적 발달에 도움을 주기에 인간은 태어나면서 일생 동안 행복하고 성공적인 삶을 추구하는 과정에서 적합한 교육을 제공받을 권리가 있으며 이러한 교육의 과정을 경험하면서 창의적 문제해결력을 기를 수 있다. 교육자는 음악을 통하여 영유아가 반성적 사고능력을 기르도록 하는 한편, 원만한 인간관계를 유지하도록 도우며, 스스로 만족하는 삶을 살아가는 데 도움을 주는 미적해석능력을 길러 주어야 한다(Choksy et al., 2001).

분명히 미래사회는 다양한 분야의 전문성을 갖춘 인간을 요구하고 가족, 이웃 및 소속한 사회의 구성원으로 자연환경과 더불어 잘 살아갈 수 있는 인재를 요구한다. 따라서 앞으로의 교육은 페스탈로치의 주장과 같이 스스로 마음을 다스릴 수 있는 능력의 함양을 절대적으로 강조하며 아무리 급격하게 변화하는 사회일지라도 그러한 변화를 자연스럽고 올바르게 직시하며 살아갈 수 있는 힘을 길러 주어야 한다. 바로 여기에서 음악교육이 필요하고 유능한 음악교사의 양성이 필요하며 수준 높은 음악교사교육이 영유아교사에게 필요한 것이다.

이에 영유아교육기관 교육의 일차적 담당자인 교사교육을 통하여 음악교육학에 대한 학문적 고찰과 반성의 계기를 마련해 볼 필요가 있다. 아무리 훌륭한 교육과정과 교수법, 교과서가 있다고 하더라도 그것을 실천에 옮길 수 있는 깨어 있는 교육자의 인식과 실천이 없다면 그 어떤 교육활동도 무용지물이 되는 것은 불 보듯 뻔한 일이기 때문이다(Elliott, 1995).

3. 변화하는 교사교육의 개념

교사교육은 교사가 되고자 하는 사람을 교직에 입문시키는 과정이다. 교사가 되어 교육을 실천하는 데 필요한 지식과 기능, 그리고 교직에 임하는 태도와 자질, 즉

교사로서의 열정과 교육에의 헌신적 역량을 길러 주는 과정이기도 하다. 그런 점에서 교육학의 역사는 곧 교사교육의 역사라고 해도 과언이 아니며 '교육의 시작'이라는 표현 자체가 교육은 교사양성에서 비롯된다고 축약할 수 있다. 서양에서 초기의 교사교육은 신학자 양성을 목적으로 철학과 심리학 교수에서 시작되었지만 현대적 의미의 교사교육은 교육학에 관한 이론적 바탕이 교육현장 실무와 조화로울 수 있도록 준비시키는 과정을 더욱 강조하는 실천적 학문으로서의 특성을 의미한다(Nierman, Zeichner, & Hobbel, 2002).

음악대학의 경우 과거의 교사교육은 연주중심 과목의 양적 접근에 주력하였다(Mark, 1986). 그러다 보니 학과목의 연계성과 계열성의 부재라는 문제점이 있었으며, 이 문제점은 교사교육에 대한 반성을 거쳐 교사교육의 변화로 이어졌다. 즉, 교육에 있어서 지식의 양보다 지식의 구조에 대한 우선적 이해와, 문제해결의 결과보다는 문제해결의 과정을 중시하고자 함이 곧 전통적 방식의 교사교육에 대한 비판의 결과라고 할 수 있다. 그 결과 지식의 양을 축적하기에 앞서 지식의 위계적 질서와 구조에 대한 이해가 우선 강조되며, 문제해결의 결과보다 문제해결의 과정과 방법을 동시에 중요시하는 관점은 전혀 새롭지 않은 것으로 이해된다. 교과목에 대한 내용지식의 이해, 교육목표와 내용의 일관성 유지와 이에 적합한 교수학습법의 이해, 이상의 위계체제를 유지하는 데 필요한 축이 되어 주는 국가수준 교육과정에 대한 이해와 교육실천의 현장에서 주인공에 해당되는 학습자의 발달특성과 그들의 학습준비 수준에 대한 이해는 교사교육의 핵심내용이라고 할 수 있다. 이에 영유아교육도 예외일 수 없으며 음악교육도 마찬가지이다.

따라서 영유아교사는 영유아의 발달 수준과 개인차에 바탕을 둔 학습능력에 대해 고려해야 한다. 영유아 각자에게 다양한 교수법으로서 동기부여를 하고 발달단계상 나타나는 영유아의 비언어적 전달방법은 언어적 방법과 동일한 수준에서 이해되어야 하므로 적재적소에서 다양한 교수매체를 활용하여 효율적으로 교육내용을 전달하는 고급의 교수기술을 발휘해야 한다. 이러한 내용들은 교사교육에서 반드시 다루어져야 하며 특히 영유아교사 양성과정에서 직접적으로 다루어야 할 음악교육 내용은 '음악교과 내용 및 교육과정' 전반과 '영유아교육 목표에 관련된 사항', 그리고 '영유아 개인과 그의 주변에 관련된 모든 사항, 지역사회에 관한 세밀한 정보' '교육학 이론에 근거한 교수계획 및 형식적, 비형식적 평가체제와 더불어 전문가적 향상을 위한 지속평가' 등 방대하다. 그리고 교사에게는 동료 및 영유아의 가정과 연계하여 교육에 관련된 내용을 상호 소통해야 하며 더 나아가 주변 지역사회기관 및 관계자들과 원만한 유대관계를 유지할 수 있는 기술을 요구하므로 이러한 원만한 대인관계 맺기 기술 또한 영유아교사교육 내용에 포함되어야 할 것이다.

이에 대하여 티쎈과 바렛(Thiessen & Barrett, 2002)은 매우 구체적인 방안을 제시하는데 그 내용은 다음과 같다. 첫째, 교사들에게는 교사교육에 대한 이념적 개혁이 필요하다. 둘째, 이념적 개혁을 유도할 수 있는 실행 가능한 교사교육 개혁 프로그램이 구체적으로 제시되어야 한다. 셋째, 이상의 내용은 실천적 프로그램에서 교사 각자가 '나는 지금 무엇을 하고 있나?' '나는 과연 잘하고 있는가?' '나는 무엇을 잘할 수 있는가?' '나는 알고 있는 어떤 것을 추후 응용할 수 있는가?'와 같은 여러 가지 질문에 대하여 스스로 끊임없이 묻고 대답하게 하는 기회의 실재이다. 교사교육이란 스스로 문제해결력을 키울 수 있도록 자신을 훈련시켜야 하는 것으로 변화된 관점에서의 교사교육의 실천은 현대사회가 요구하는 개혁지향적 교사(reform-minded teacher)로의 역할 변화를 가능하게 하므로 교사양성과정에서는 이에 상응하는 내용을 교사교육내용으로 반드시 다루어야 할 것이다.

4. 미래사회 교사교육의 방향

교사교육이 공통적으로 지향하는 기본방향은 교사로서의 자질을 갖춘 교사를 양성하여 그들을 통해 교육의 질을 변화시키는 것이다. 그런데 시대에 따라 교사교육에서 추구하는 학자들의 관점은 약간씩 변화되어 왔다. 유아교육에서도 과거 지식과 이론적 체계를 중요시하는 학문지향적 관점을 고수했지만, 최근에는 교사가 일상생활에서 보여 주는 모든 행위를 주요내용으로 하는 실천적 관점의 교사교육을 중시한다. 국가기준에 의하여 주어진 체계를 따라가는 기술-과학지향적 관점의 교사교육, 개인의 특성과 능력을 존중하는 개인적 성향 중심의 교사교육, 그리고 공명정대한 교육적 분배를 강조하는 비판적-사회지향적 관점의 교사교육 방향으로 변화되어 왔다(박은혜, 2002).

이상 다양한 관점의 변화는 어찌 보면 복잡하게 생각될 수도 있다. 그러나 교과 지식, 교수학습과 교수 상황의 복잡성에 대한 체계적 지식, 다양한 학습의 요구에 부응할 수 있는 반성적 사고에 기초한 실제경험 등 중요하지 않은 것이 하나도 없다. 따라서 교사교육은 예비교사를 양성하는 직전교육, 직전교육의 일부인 현장실습교육, 현장교사를 위한 재교육과 연수 등 다양한 형태로 진행될 수 있으나 특히 교사교육과 교육실습의 본질은 보다 통합적이고 일관성을 지닌 채 상황에 적합한 것이어야 하며 예비교사는 대학에서 배우는 이론적 지식 외에 교육실습을 통하여 초임교사와 경력교사 모두에게도 필요한 지식과 기술을 미리 예상하여 익히고 연마할 수 있는 기회를 가져야 한다. 이를 영유아음악교육을 위한 교사교육과 접목시켜 볼 수 있다. 예비 영유아교사는 음악이론과 다양한 악기연주, 영유아음악교수법, 영유아의 음악적 발달과정에 관한 기초지식 및 수업기술을 충분히 쌓아야 할 것이며 이는 현직교사에게도 재교육이라는 제도적 틀 안에서 동일하게 적용되어야 할 것이다.

결론적으로 교사교육의 방향은 완전한 하나의 해결책을 찾으려 하기보다는 조화와 균형을 필요로 한다. 어떤 한 가지 요소나 관점에 지나치게 의존하기보다는 자질을 갖춘 교사가 되는 것이 무엇인지에 대하여 그 의미를 탐색하고 이를 가능하게 하는 방법이 무언가에 대하여 스스로 자문하면서 교수와 관련되는 여러 가지 요소를 탐구하고 통합하며(조부경, 김정화, 2005) 질 높은 교사로 성장해야 마땅하다.

펨브룩과 크레이그(Pembrook & Craig, 2002)는 발전적인 미래지향적 교사상을 구축하는 방안을 다음과 같이 제시하는데, 첫째, 일상생활에서 교사들이 전문가임을 추구하는 것, 둘째, 전문가로서의 교사의 역할을 병행하는 것이다. 즉, 영유아교육기관에서는 영유아를 지도하는 전문가의 길과 별도의 시간을 이용하여 교사가 대학원 이상의 상부 학위과정을 추구함으로써 자신의 전문성을 지속적으로 향상시키는 것이 필요하다. 학사에서 석사로, 석사에서 박사로 이어지는 전문학습과정을 통하여 교사는 새로운 교육이론을 접하게 되고 이를 현장에 적용하는 것은 그들에게 개혁 지향적 교사상을 심어 주기 때문이다. 이러한 과정을 통하여 지식과 기술에 기초한 전공영역에서의 전문성은 대학원에서 수여하는 자격증이나 학위와 같은 공적 기준에서의 전문성과 다행스럽게도 합치되어 교육에 즉각 반영될 수 있음은 또한 의미 있는 결실의 과정이라고 할 수 있다.

더구나 이러한 요건들은 교사 각자의 교직에 대한 만족도와도 직결되므로 교사가 원만한 성격의 소유자로서 대인관계가 풍부하며 대외적으로 다양한 경험의 소유자라면, 더욱이 개인의 교육적 전문성이 교육자적 자질과 긍정적으로 합치될 가능성이 높아져 급변하는 미래사회에 부응하는 훌륭한 개혁 지향적 교사의 요건을 갖추는 데 도움이 될 것이다. 그러나 이상의 주장은 장시간을 요하는 사항으로 당장 유아교육현장에서 직면하는 문제를 해결하기에는 어렵다. 따라서 직전교육이나 현직교육을 통하여 영유아음악교육에 대한 충분한 지식 전달과 전문성 증진 전략에 대한 사전 안내가 필요하다.

5. 성공적 음악교육을 위한 영유아교사의 다중역할

초임교사로서의 준비와 확장된 교사상에 대하여 영유아교사양성기관에서는 교사 교육과정을 통하여 예비교사들에게 사전에 알려 줄 필요가 있다. 그러한 관점에서 이 책은 음악교육학 이론뿐 아니라 지도법, 이를 위한 강의법 등의 새로운 접근을 시도하였다. 티센과 바렛(Thiessen & Barrett, 2002)의 제안처럼 영유아교사가 담당해야 할 역할수행 영역은 작게는 교실과 영유아교육기관이지만 확대하면 공동체까지로 이어진다. 이 모든 환경을 통틀어 영유아교사는 미래를 이끌어 갈 다기능적 전문가(multiple play specialist)로서의 역할을 감당해야 하는 시대이다.

교실에서의 영유아교사의 역할수행 영역은 영유아가 스스로, 또는 또래와 함께, 그리고 교사의 지도를 통해 학습하는 장소를 뜻하며 영유아교육기관 울타리 안에서의 공간은 교사가 동료들과 함께 일하는 상징적인 장소를 의미하지만, 보다 구체적인 의미는 영유아교육기관이라는 공간에서 일상적으로 마주치는 동료와의 원만한 대화로 교육을 계획하고 실천하는 교육활동 전부를 의미하기도 한다. 따라서 영유아교육기관에서 의사결정의 첫걸음은 영유아교육기관 안의 구성원들과의 원활한 협의체계로서의 조직을 구성하는 일이다. 이 과정에서 교사와 교사, 교사와 학부모, 교사와 교직원 및 교육전문가, 교사와 조직 관리자 등의 교내외 관계자들은 상호 의견 교환의 대상이 될 수 있다. 이에 공동체와의 역할 수행이란 교사, 영유아, 관리자 및 직원이 영유아교육기관의 역량을 높이고 확장시키기 위해 교육기관 밖 외부 인사들이나 전문가 집단, 지방단체나 정부 조직과 상호작용하는 것을 뜻한다.

그뿐 아니라 교사는 교실, 교육기관, 공동체 전체를 교육협력체제로 보고 이 모두를 아우르는 사람으로서 영역 간의 상호긴밀성을 나누기 위한 분리되지 않는 연결형 유기체라고 할 수 있다. 교사가 한 영역에서 활동하는 것이 결국은 필연적으로 다른 두 영역에도 동시적 영향을 주기 때문이다. 이와 같은 상호 보완적 과정에서 가장 우선시되는 것은 당연히 교실 안에서의 역할이지만, 예비교사 양성과정에서 그들에게 다른 두 영역도 함께 고려할 수 있도록 사전에 안내된다면, 예비교사는 교사역할에 대하여 보다 포괄적이고 확장된 이미지를 가지고 영유아교육현장에 투입될 것이다. 이때 교실, 기관, 공동체라는 세 가지 다른 영역의 상호연관성과 이에 따른 영향력에 대한 이해와 통찰도 수월할 것이다.

따라서 예비교사들이 교실에서의 생산적인 접근을 통해 영유아의 발달을 도모하도록 돕고 동시에 영유아교육기관 안과 다른 지역사회와의 협력관계를 통해 교실에서의 활동을 보다 확장할 수 있고 현실화할 수 있는 기반에 대한 건강하고 긍정적인 신념을 갖게 하는 교사교육이 필요하다. 이러한 필요성을 음악활동으로 좁혀 이야기를 나누어 보도록 하자.

1) 교실 안의 영유아교사

티센과 바렛(Thiessen & Barrett, 2002)이 설명하는 개혁지향적 음악교사의 역할을 영유아교사에게 적용하면 다음과 같다.

첫째, 영유아교육기관에서는 수업을 위한 학습목표가 매우 분명해야 하며 이는 지속적으로 심화시킬 수 있는 학습의 기회를 영유아에게 제공해야 한다. 여기에서 학습이란 인지적인 측면이 아니고 통합적이고 포괄적인 교육을 뜻한다.

둘째, 영유아를 위한 학습의 경험은 구조화·형식화되어야 하므로 다양한 맥락에서 다루어질 필요가 있다.

셋째, 국가수준의 영유아교육과정과 교수학습에 대한 지속적인 연구와 다양한 평가방식의 적용은 영유아들이 왜, 무엇을, 어떻게, 어디에서, 어떤 환경 아래서 학습해야 할지를 이해하는 데 도움을 주므로 교사는 이 부분에 대한 교사교육이 필요하다.

개혁지향적 영유아교사는 영유아들과의 음악활동을 최상의 것으로 이끌기 위해,

환경과 인간관계의 변화에 대한 영유아들의 요구에 민감하여 그들이 서로 다른 요구와 발전에 필요한 사항을 제시할 때 그에 맞는 학습 경로를 세우고 이를 수정하는 과정을 반복할 수 있다. 이 과정에서 변화와 관련된 요소들이 교수학습에 협력적으로 작용하도록 하는 방법을 찾는 노력의 일환으로서 교사는 자신의 음악교육에 대한 인식의 변화와 음악수업을 통해 기대하는 목표 사이의 적절한 균형 지점을 찾아야 한다. 개혁지향적 영유아교사는 음악수업에서 영유아들의 자발적인 협력과 참여를 격려해야 한다(Johnson, 1995). 영유아들이 스스로 협력하여 음악적 문제를 해결하고, 창작 및 즉흥연주를 하며, 자신의 음악적 결과물을 해석하고 평가하도록 유연하게 이끌어 가면서 음악수업이 이전보다 더 활발하고 적극적인 분위기가 형성될 수 있도록 기술적으로 도와야 한다. 이를 위해 영유아교사는 음악교과뿐 아니라 영유아교육의 전반적 교육과정 목적과 범위를 포괄적으로 이해하는 능력을 갖추어야 하고 영유아가 음악과 다른 교과목을 연관시켜 통합적으로 이해할 수 있도록 돕는 기회를 제공해야 한다.

영유아교사의 교육과정 전반에 대한 이해는 지역사회와의 협력에 대한 필요성도 강화시킨다. 예를 들어, 영유아교육기관 음악수업에서 지역사회 음악가를 초빙하거나 지역사회에서 연주되는 음악회를 관람하면서 실험학습의 기회를 확대하는 것이다. 만약 영유아들의 음악적 경험 범위가 보다 확장되고 다양해진다면 교사의 평가 내용과 방법도 다양해질 것이다. 개혁지향적 음악교사들은 다른 동료교사들과 마찬가지로 영유아의 자발적인 참여를 장려하고, 열정적이며 비판적으로 영유아들에게 제공할 다양한 경험을 탐색할 것이며 환경의 변화에 부응하는 음악수업의 목표의 균형점을 발견하고자 노력할 것이다. 그 결과 전체 교육과정에 대한 전반적인 이해가 가능하여 음악과 다른 교과 간 연계 및 통합과 융합의 시도를 위해 능숙한 편곡자 또는 즉흥연주가 때로는 지휘자와 같은 방식으로 일할 것이다. 즉, 정해진 틀대로만 교사업무를 수행하는 것이 아니라 지속적인 수정과 적응의 순환 과정을 거치며 자신의 업무를 당당하게 수행할 것이다.

2) 교육기관 안의 영유아교사

변화하는 영유아교육기관에서 교사는 이제 더 이상 고립되어 있는 것이 아니라 다른 사람들과 더불어 그들의 관점과 자신의 관점을 서로 비교하면서 교사로서의 새로운 접근법을 개발하거나 적용해야 한다. 따라서 교실의 수업과 영유아교육기관에 관련된 결정들을 공유하기 위해 각양각색으로 노력하는 과정을 통해 교사의 신념을 지키는 일이 무엇보다도 요구된다. 즉, 결정해야 할 사항이 '교사 자신의 발달을 위해서인가' 아니면 '영유아교육기관이라는 조직사회의 발전을 위해서인가'를 놓고 양자택일해야 할 때 영유아교사는 그 무엇보다도 영유아발전을 선도하는 입장에 설 만한 용기를 가져야 한다(Jorgensen, 2003).

이를 위해 영유아교사는, 첫째, 조직적 구조나 절차에 관해 알아야 하고, 둘째, 교사로서의 원칙과 방향에 관한 확고한 인식을 갖추어야 한다. 즉, 교사는 모델에 의해 정의된 관계성과 규준을 발전시켜야 하는가 아니면 모델의 신념체계에 기초해서 자신의 영유아교육기관문화에 맞게 새롭게 규준을 세워 나가야 하는가 하는 선택의 기로에서, 과연 정해진 개혁 방침을 따를 것인지, 아니면 직접 개혁의 원칙을 만들 것인지를 신속히 결정해 내는 능력을 갖추어야 한다.

이 중 정해진 원칙과 방향 안에서라는 입장에서 영유아교사는 자기가 소속된 팀이나 위원회에서 스스로의 목소리를 내야 할 것이다. 또한 교사는 다양하게 분화된 조직과 기구 등을 통해 지도력을 발휘하기 위해 교사의 협력적 자율성에 대한 원칙을 최대한 고수해야 한다. 이를 위해 교사들은 모든 동료와 학습 동아리를 만들면서 자율적인 발전을 꾀할 수 있으며 때로는 영유아교육기관 관리자 및 기타 관계자들과 긴밀하게 협력하면서 영유아교수학습 개발 과정에 참여하는 것도 좋은 방법이다. 이 모두는 교육의 민주화 과정에 속하는 것으로서 구체적으로는 다음과 같다.

- 함께 일하기에 부족함이 없는 능력 있는 교사로서의 자신의 역량을 개발하는 일
- 영유아교육기관에 기반을 두고 협력적, 연구 지향적, 전문가적 학습에 몰두하는 일
- 학문적 그리고 간학문적인 교육과정 실제의 균형 및 연계 개발에 관심을 쏟는 일
- 교실과 영유아교육기관의 향상을 위한 의사결정을 공유하기 위해 교사의 참여와 수행의 범위를 확장하는 일 등이 영유아교사에게 필요하다.

이렇게 영유아교사에게 교수–학습과 직접 관련된 협력활동은 매우 중요하므로

동료 장학은 교사교육의 일부로서 중요하게 다루어져야 한다.

3) 지역사회 안의 영유아교사

지역사회 안의 영유아교사란 영유아교육기관 밖에 있는 보다 넓은 범위의 개인 및 조직과도 관련되어 일하는 교사로 교육적 사안에 대한 실제적 결정자이자 관련자이다. 특히 학부모를 자주 영유아교육기관에 참여하도록 안내함으로써 그들에게 가정의 명확한 역할을 부여하는 사람이다. 학부모와의 만남은 교사의 자문적 역할을 강화시키고 더불어 영유아교육기관 운영에 대한 의사 결정을 돕는 기회인데 이때 학부모는 교사와 더불어 교수학습이나 영유아교육기관 발달을 검토하고 정보제공을 위한 자료 수집 등의 작업에 교사는 학부모와 함께 해야 한다. 또한 영유아의 가정과 교육책임 공유자로서의 관계 유지를 위해 교사는 전문상담교사 또는 사회복지사 등을 지역사회 조직으로부터 합류시키는 등 영유아교육기관과 가정, 기관과 지역사회와 가정을 동시에 이어 주는 중간 연결자로서의 역할 담당자이다.

영유아교육기관에서 교사가 참여하는 학습 공동체는 학부모와 지역사회의 일반 구성원, 그리고 지역사회의 교육−사회관련 특정 그룹과 관계를 맺음으로써 그 경계를 확장시킬 수도 있다. 이때 교사들은 영유아들이 영유아교육기관 밖 학습 환경, 예를 들어, 예술회관, 박물관, 도서관, 음악대학, 문화센터 등에 최대한 많이 참여할 수 있도록 안내하고, 효과적인 교수 학습 협력 체제를 구축하도록 도와주며, 실질적이고 직접적인 도움을 받을 수 있는 정보를 제공받고자 요청할 수도 있다. 이러한 관점에서 필요한 여러 가지 정보는 이 책의 제5장 영유아음악 교수매체에서 상세히 소개하였다.

이렇게 개혁지향적 음악교사는 영유아교육기관과 더불어 지역사회의 많은 공동체가 서로 분리될 수 없음을 고려하여 영유아들과의 활동이 교육적, 사회적 발전과 긴밀하게 연결되도록 도와야 한다. 제반 사항에 대한 의사결정은 교사, 영유아교육기관, 학부모 및 지역사회 간 상호 공유에 의존하되 조언자 및 지도자로서 교사의 역할이 제대로 발휘될 수 있도록 영유아교사는 학부모와 지역사회에 속한 여러 기관 관계자들과 원활한 소통이 필요하다. 원활한 소통을 위해 교사는 질 높은 학습을 통하여 영유아교육의 전문성을 갖추어 나가는 노력이 반드시 필요하다.

미래사회는 교사들에게 어떤 것을 누구와 어떻게 학습할지에 대한 새로운 개념을 끊임없이 요구한다. 이와 같은 시대적 필요성은 영유아교사가 교육의 안내자이자 연주가이기를 바라고 또한 교육입안자이며 행정가, 실천가 그리고 현장연구가이기를 바란다. 이에 성공적인 영유아교사는 다음의 역할 수행 능력을 갖추어야 한다.

첫째, 교실 내 음악활동의 목표와 내용에 대한 충분한 이해와 개념 정립 그리고 예술적 환경 구성이 필요하다. 교사가 영유아와 함께 교실 안에서 수행하는 활동에서 벗어나 영유아교육기관의 음악활동은 교실이나 복도, 인근 아동교육기관, 그리고 인근 연주회장 등으로 확대되어도 좋다. 또한 음악경험 및 교수학습 환경, 공연방법 등 교육과정의 다양화가 권장되므로 활동의 형태는 혼자 하는 연주뿐 아니라 합주도 포함하고 이때 교사의 연주 모델링은 반드시 필요하므로 영유아교사는 악기를 잘 다룰 수 있어야 한다.

둘째, 원활한 음악교육활동 수행을 위한 교사 간 휴먼네트워크의 활성화가 필요하다. 초임 영유아교사들이 음악교육과 관련된 교수학습에서의 계속되는 문제에 대해 생각하고 연계하여 작업하는 능력을 구축하도록 독려할 수 있는 교사 대 교사 멘토링 제도나 동료 장학, 교사 동아리, 학습 동아리, 교사양성기관과 현장의 협력체계의 활성화를 필요로 한다.

셋째, 영유아음악교육 전문가와 함께하는 재교육 참여를 통한 전문분야에 대한 지식습득이 필요하다. 양질의 교육은 전문적 지식을 갖춘 교사에 의해 이루어진다. 영유아음악교육에 있어서도 충분한 연구와 조사활동을 통해 스스로의 지식에 대하여 자문하고, 음악과 영유아교육기관의 문화적, 사회적, 정치적 맥락에 대한 질문들을 제기하며 문제를 해결해 나가는 사려 깊은 교사들을 필요로 한다. 이를 위해서 발전적인 교사들은 자신의 정체성 확인과 더불어 소속되어 있는 영유아교육기관의 음악 프로그램의 변화, 또는 영유아교육기관과 지역사회에서 공유하고 있는 주요 문제들에 대한 연구에 참여하기를 요구한다.

마찬가지로 예비교사들도 교육현장에 나가기 전에 이러한 주제에 관하여 미리 연구하고 활동 지도의 방법을 사전에 경험할 필요가 있다. 교실에서는 충분한 양의 다양한 악기와 예술 교재 · 교구, 보조도구 등을 준비하고 관련 예술 작품을 보여 주어 영유아의 예술적 자극을 유발하고 활동지도에 대한 사전 연습을 반복해야 한다.

그러나 그 무엇보다도 교사 스스로가 음악을 체험해 보는 일이 우선적이므로 교사는 새로운 작품을 대하고 새로운 교재교구나 악기 배우기를 두려워하지 말아야 한다. 익히기에 간단한 우쿨렐레 또는 오카리나, 장구 등 다양한 악기 배우기에 도전하는 것은 매우 고무적인 준비과정이며 정기적으로 모여 예비교사 합창단이나 리코더 합주단을 만들어 교사 스스로 음악가가 되는 경험이 필요하다. 또한 음악 공연장이나 미술관, 박물관의 정기 관람을 교사 동아리 형태로 함께하는 교사 예술체험 활동도 바람직하다. 이러한 일련의 과정을 통하여 예비교사는 예술에 대한 자신감을 형성하여 이를 영유아를 향한 예술교육으로 연결함으로써 그들의 예술적 잠재력을 일깨울 수 있는 동력 제공자가 되어야 할 것이다.

6. 지속 가능한 시대의 영유아음악교사

지금까지 미래사회의 바람직한 영유아음악교사상을 교실에서, 교육기관에서, 지역사회에서로 나누어 살펴보았다. 변화하는 미래사회는 역동적인 관계 형성이 가능한 유능한 교사를 요구한다. 유능한 교사란 학문적 입장을 강조하는 전통적 교사교육에서 탈피하여 실제로 음악활동이 가능하고 영유아를 둘러싸고 있는 음악문화를 이해할 수 있는 생활 속의 음악지식과 경험을 갖춘 교사를 의미한다. 따라서 교사교육에서는 교육과정의 재구조화에 대한 필요성을 학문적 전문성 확보, 교육기관 외부 활동과 영향력 행사에 필요한 정체성 규명, 교수학습에 대한 생태학적 입장에서 음악교과를 다양한 방식으로 다른 교과와 융합시키는 방법, 시대 변화와 동반한 영유아음악교사의 업무영역 확장에 대한 교사 스스로의 인식 및 태도 변화 수용의 관점을 다루어야 한다.

다가오는 시대는 교사들에게 어떤 것을 누구와 어떻게 학습할지에 대한 새로운 개념을 끊임없이 요구하므로 영유아교사는 교육의 재개념화를 통하여 이에 대한 해결책을 찾아가는 교육안내자이자 연주가, 동시에 교육입안자이면서 행정가요, 실천행동가의 역량을 갖춘 음악교육 전문가요, 현장연구가의 면모를 가꾸어야 한다. 이상의 입장을 추구해 나가기 위해 영유아음악 교사교육 내용으로 다음을 제안한다.

1) 교실 내 음악활동의 재정의

교사가 영유아들과 함께 교실 안에서 하는 활동에서 벗어나 영유아교육기관의 음악활동은 교실이나 복도, 인근 영유아교육기관, 그리고 인근 연주회장 등으로 확대되어 일어날 수 있으므로 교육과정의 다양화, 즉 음악경험 및 교수학습 환경, 공연 방법 등의 다양화를 시도하기 등으로 음악활동을 재정의할 필요가 있다 (Morrison, 2003). 따라서 활동의 형태는 혼자 하는 연주뿐 아니라 합주도 포함하고 이때 교사의 연주 모델링은 반드시 필요하므로 영유아교사는 악기를 잘 다루도록 하자.

2) 영유아음악교육 관련 조직 결성의 필요성

초임 영유아교사들이 음악교육과 관련된 교수학습에서의 계속되는 문제에 대해 생각하고 연계하여 작업하는 능력을 구축하도록 독려할 수 있는 관련조직이 필요하다. 관련조직이란 교사양성을 담당하는 대학과 영유아교육현장의 협력체계를 뜻하는 것으로 영유아음악교육을 다루는 학회나 협회, 연구재단이나 정책기관, 정부 관련부처 등을 의미한다. 이에 대한 정보는 이 책의 제5장에서 일부 다루었고 영유아교사의 적극적인 참여를 권장한다.

3) 발전적인 영유아음악교육 실천을 위한 교사교육 구축

양질의 교육은 전문적 지식을 갖춘 교사에 의해 이루어진다. 영유아음악교육에서도 충분한 연구와 조사활동을 통해 스스로의 지식수준에 대하여 자문하고, 음악과 영유아교육기관의 문화적, 사회적, 정치적 맥락에 대한 질문들을 제기하며 문제를 해결해 나가는 사려 깊은 자세가 교사에게 필요하다. 이를 위해 영유아교사는 자신의 정체성 확인과 더불어 소속 기관에서 실행되는 음악 프로그램의 변화, 또는 영유아교육기관과 지역사회에서 공유하고 있는 주요 문제들에 대한 연구에 참여하는 것이 바람직하다. 마찬가지로, 예비교사들도 이와 비슷한 주제들을 교육현장에 나가기 전에 미리 연구하고 경험할 필요가 있다. 이러한 연구 활동은 다양한 자료 활용 능력을 수반한다. 여기에는 과거 20여 년간 사용해 왔던 영유아음악교육 관련 비디오와 오디오 테이프, CD, DVD 등의 자료에 대한 지식 및 그 외 최근의 디지털 자료와 인터넷 정보 자료의 활용과 제작이 포함된다. 따라서 시대 변화에 대처할 수 있도록 지식과 교수기술을 고루 갖추어 시대 변화에 민감하게 대처할 수 있는 교사가 되어야 할 것이며 전문성 강화를 위해 영유아교사의 대학원 진학 등 상급교육기관으로의 도전을 스스로에게 향한 자연스러운 발전의 단계로 받아들이자.

4) 영유아음악교육 발전을 향한 공동 책임의 네트워크 형성

영유아교육에 관한 신뢰성과 완전성은 교사, 학부모, 행정가, 영유아교육기관 당국, 지역사회 구성원 간의 역동적 관계에 대한 예비교사의 인식 정도와 유관하다. 즉, 예비교사들은 이들과의 협력의 필요성과 네트워킹의 기술을 사전에 경험할 필요가 있다. 이를 위해 예비교사 양성기관에서는 교양강좌 및 교육학 교과목을 확충하여 통합수업에 대한 이론적 이해를 돕고, 동시에 현장실습의 기회를 증대하고 내용을 강화하여 교육현장의 현실을 체험하도록 함으로써 준비된 초임교사의 자세를 갖추게 해야 한다. 이에 대하여 이 책의 제8장에서는 영유아교사라면 반드시 습득해야 할 음악교육의 내용과 방법을 한 학기 분량의 강의안으로 구성하였는데 참고 자료로서 적극적인 활용을 기대한다.

5) 지역사회 기반에 기초한 학습경험의 최대화

교사교육에 관한 간학문적 연구를 활성화해야 한다. 교사교육 내용은 영유아교육기관 밖의 교육현실도 포함되어야 하므로 영유아음악교사들은 교실, 영유아교육기관, 지역사회를 포함하는 다양한 공간을 교육현장으로 수용하고 음악 외 여러 인접 학문과도 교류를 함으로써 폭넓은 음악전문가로 변화되어야 한다. 현상에서는 지역사회에 있는 연주가, 작곡가, 음악비평가들과의 관계 유지를 통하여 영유아교육기관 밖의 음악은 영유아교육기관 안의 음악과 하나가 될 수 있을 것이다. 또한 교사교육 담당자는 초임교사들이 확대된 공통체적 참여자로서의 교육 책임자라는 인식을 기질 수 있도록 안내하고 이를 실천하는 데 필요한 실질적인 힘을 실어 줄

만한 책임자인 음악교육행정가의 양성도 반드시 필요하다. 그럴 경우 영유아교육기관교육에서 음악교과 필요의 당위성은 교육입안을 결정하는 일에 관여되는 각계각층의 인사들을 향하여 보다 명확히 전달될 수 있고, 그렇게 된다면 국가수준 교육과정에서 음악과의 학문적 위상과 교육적 입지는 현재보다 높아질 것이다. 이는 예술을 통한 영유아발달의 첨경이 될 것이다. 이를 지지하고 교육하는 영유아교사의 전문성 확보가 필요하다.

영유아음악교사교육의 핵심은 다양한 사회변화 요구에 부응하여 우리의 교육인식도 변화되어야 할 것을 뜻한다. 그러한 변화는 교실, 영유아교육기관, 지역사회라는 각각의 교육 영역에서 담장이 무너지기를 요구한다. 또한 확대된 영역에서의 음악교육 역할의 주인공은 다양한 역할을 수행하는 영유아교사에게 달려 있음을 강조한다. 따라서 미래 영유아교사가 짊어질 새로운 개념의 역할과 폭넓은 음악교육 교과내용은 예비교사양성과정에서 충분히 그리고 상세히 안내되어야 하며 현장의 교사들도 연수 등의 재교육 프로그램, 그리고 대학원 진학 등의 자기계발을 위한 전문적 재교육을 통하여 교사 자신의 역할과 개념을 재정비해 나갈 필요가 있다. 이를 위해 영유아음악교육계는 영유아교사를 양성하는 대학과 영유아교육현장을 연합하는 연구모임의 활성화나 전문행정력 강화를 위한 조직의 활성화, 유연한 학제 마련과 행정의 전문화에 대한 안내를 도모하여 영유아를 위한 음악교육의 구체적인 내용과 방법을 영유아교사교육에서 반드시 다루어야 할 것이다.

6) 음악활동에 대한 관찰 및 평가의 초점

영유아교사는 음악 프로그램 수행과정 중에 지속적인 영유아관찰을 통하여 영유아가 음악적 요소를 탐색하는 태도와 변화되어 가는 모습을 발견하고 그러한 변화에 민감하게 대처할 수 있도록 준비해야 한다. 영유아의 일상생활 속에서 음악, 미술 등 예술과 접하도록 환경을 구성하고 의도된 의미와 지속적인 규칙이 내재된 다양한 예술 활동을 제공함으로써 영유아의 능동적 참여를 유도하고 예술작품과 활동을 통하여 창의성을 발현할 수 있는 기회를 제공해야 한다. 이는 영유아의 영혼에 생명감을 불어넣는 것으로서 교사는 다음의 특징에 주목할 필요가 있다.

첫째, 예비영유아교사인 학습자가 만나는 영유아는 리듬, 셈여림, 음색, 빠르기 등의 음악적 개념과 박, 박자, 리듬패턴, 음고, 음조 등의 음악적 요소에 대하여 감지하고 변별하거나 한 번 들은 음을 정확히 기억하고 재생할 수 있는 능력이 있는가와 음악을 듣지 않고 상상하거나 속으로 정확히 형상화할 수 능력이 있는가를 발견하도록 노력한다.

둘째, 영유아가 그림악보를 인식하고 음계, 화성 등의 음 관계를 이해하는 능력, 대표적인 음악적 개념과 형식을 이해하는 능력, 곡 전체를 외우는 능력, 곡을 만들고 즉흥적으로 재구성하는 능력, 음악을 시각적·청각적·언어적으로 분석하는 능력이 있는가를 발견하도록 노력하고 발견되는 사항은 기록하고 변화의 정도를 파악하여 영유아가 곡을 듣고 감정을 넣어 아름답게 표현할 수 있는가를 발견하도록 노력한다.

셋째, 앞서 제시한 모든 능력에 창의성을 발휘하는 능력이 있는가에 대한 관찰이다. 즉, 영유아가 표현하고자 하는 바를 의도적·조직적으로 나타내는 능력인데 소리를 조절하고 재구성하거나 적절한 음악적 표현을 할 수 있는 능력, 자신의 생각, 감정, 정서를 음악적으로 구성하거나 표현하는 능력, 즉 음악이라는 틀 안에서 자신만이 할 수 있는 표현을 독창적으로 해내는 능력이 있는가를 발견하도록 노력한다.

그러나 앞에서 설명한 모든 내용에 대한 평가는 영유아가 음악활동을 즐겁게 수행하는가, 특정한 음악활동이나 음악매체 및 대상에 몰입하는가, 수행이나 몰입의 정도가 점진적인가에 초점을 두어야 한다. 음악활동에는 즐거움이 반드시 동반될 때 음악의 가치가 살아나기 때문이다.

● 참고문헌

박은혜(2002). 유아교사론. 서울: 창지사.

조부경, 김정화(2005). 유아교육실습: 이론과 실세의 통합. 서울: 학지사.

Bruner, J. S. (1996). *The Culture of education.* NY: Schirmer Books.

Choksy, L. et al. (2001). Influence on methods, approaches, and philosophies of teaching music. *Teaching music in the twenty-first century* (pp. 12-23). Upper Saddle River,

NJ: Prentice Hall.

Elliott, D. (1995). *Music matters: A New philosophy of music educaiton.* Oxford: Oxford Univ. Press.

Johnson, P. R. (1995). Get ready, get set, teach! In W. Ayers (Ed.), *To become a teacher* (pp. 86–88). NY: Teachers College Press.

Jorgensen, E. (2003). *Transforming music education.* Bloomington & Indianapolis: Indiana University Press.

Mark, M. L. (1986). *Contemporary music education* (2nd ed.). Towson State University.

Morrison, S. (2003). Developing tomorrow's music teachers today. *MEJ, 89*(4), 17–20.

Nierman, G., Zeichner, K., & Hobbel, N. (2002). Changing concepts of teacher education. In R. Colwell & C. Richardson (Eds.), *The New handbook of research in music education* (pp. 818–835). New York: Oxford University Press.

Pembrook, R., & Craig, C. (2002). Teaching as a profession. In R. Colwell & C. Richardson (Ed.), *The New handbook of research in music education* (pp. 786–812). New York: Oxford University Press.

Raywid, M. A. (1995). A Teacher's awesome power. In W. Ayers (Ed.), *To become a teacher* (pp. 78–85). NY: Teachers College Press.

Thiessen, D., & Barrett, J. R. (2002). Reform-Minded Music Teachers-a more comprehensive image of teaching for music teacher education. In R. Colwell & C. Richardson (Ed.), *The New handbook of research in music education* (pp. 759–785). New York: Oxford University Press.

III부

●

영유아음악교육
학습의 실제

제8장 ___ 영유아음악교육 강의안

영유아음악교육 강의안

제8장은 앞에서의 음악교육지식과 기술에 기초하고 전체를 종합하여 영유아교사를 대상으로 수업하도록 개발한 강의안이다. 구성의 원칙은 가급적 실기 우선 이론 나중이며 한 학기 15주 수업 총 15차시 1차시당 3시간 분량이다. 이 강의안의 특색은 음악으로 시작하는 것이다. 리코더를 활용하여 매주 다른 주제의 이야깃거리를 택해 수강생의 출석을 확인한 후 리코더로 동요 부르기, 노래 부르기 활동으로 수업을 이어 간다. 한 학기 수업의 내용은 제시된 순서대로 음악교육의 의미 찾기, 일상생활 주변에서 미적요소 찾기, 누리과정과 연계하기와 세계적 명성을 지닌 음악교육가들의 사상과 교수법 등 이론적 기초를 배경으로 음악적 표현하기, 창작하기, 음악극 하기 등의 음악실기를 거쳐 실제 영유아교육기관에 적용할 수 있도록 수업계획안을 짜 보고 이상의 내용을 모의수업하기로 연결해 보는 것이다. 이 모든 내용의 실천이 가능하도록 이 장에서는 이미 앞에서 소개된 내용과 연계하여 총제픽으로 학습됨을 목표로 강의안을 제공하였다. 또한 제8장에서 연속적으로 진행되는 강의를 통하여 알게 되는 음악지식과 음악수업의 기술을 확인하기 위하여 퀴즈, 중간평가, 기말평가의 형식을 빌려 영유아교사라면 반드시 알아야 내용의 예상문제를 수록하였으며 영유아교사의 음악적 소양과 음악성을 높이는 방법으로서 국악과 서양음악 공연을 감상한 후 보고서의 제출을 개인 수행 과제로 제안하였다. 이상의 여러 가지 활동을 통하여 영유아교사의 음악교수 능력이 증진되길 기대한다.

구성의 원칙: 누리과정에 기초한 실기 우선, 이론 나중의 순
강의 기간 및 시간: 15주 한 학기, 차시당 180분 수업

차시	내용	세부내용	방법	준비물	과제	교재
1	강의 안내	리듬놀이	call & response	리코더 (모든 수업에)		
2	음악의 의미 찾기 음악교육철학 이해		조별 토론 및 발표	동영상 작은 별 음원		1장 개념
3	미적요소의 발견, 인식, 이해	관찰 탐색	캠퍼스 산책 발표	산책 중 마련한 동영상, 사진, 메모 개인기록물	침묵 관찰	3장 목표와 내용
4	소리의 생성 및 개념 음악적 개념과 요소에 대한 체험, 이해, 표현	신체와 악기로 표현하기	강의 조별활동	동영상	음악적 개념 중심의 표현	3장
5	2019 개정 누리과정과 표준보육과정에서의 음악	예술경험 영역	강의	누리과정/ 표준보육과정 교사용지도서 및 학술 논문	퀴즈	3장
6	가락과 화음, 세기와 강약, 빠르기, 형식, 박자 등에 대한 이해와 표현	신체와 악기로 표현하기	강의 조별활동 발표	다양한 악기	국악음악회 관람보고서 제출	3장 6장 표현지도
7	창작으로의 초대	동요창작	강의 개별활동 창작활동	동시 오선지		6장
8	중간고사					
9	동요창작의 실제	창작동요 완성	발표	건반악기 포함 악기와 출력된 창작곡 악보	중간고사 문제풀이	6장
10	음악교육가의 사상 교수법, 교수매체 노래/연주/감상 실제	DOKSG 신체와 악기로 표현하기	조별활동 발표	다양한 악기 관련 동화책 A4용지, 색연필 동영상	그림악보	2장 교육가 4장 지도법 5장 교수매체 6장
11	음악중심 영유아음악수업	수업계획안 작성하기	강의 개별활동		수업계획안 구성요소	6장

12	음악극	음악극 준비하기	강의 조별토론 창작, 제작	동화 각색 동화 창작		6장
13	음악극	음악극 공연	공연		서양음악회 관람보고서 제출	6장
14	모의음악수업	시연 동료평가	조별시연 개별평가			6장 7장 교사교육 8장
15	기말고사					

📖🎵 제1강 강의 안내

차시	내용	세부내용	방법	준비물	과제	교재
1	강의 안내	리듬놀이	call & response	리코더		

🎧 활동의 실제

출석 확인: 자신의 이름이 불리면 학습자는 마음대로 리코더로 대답한다.

A. Prologue 리코더 합주–학습자들이 아는 유아동요를 택하여 같이 불러 본다.

♫ 추천곡(music excerpt) 봄비, 올챙이와 개구리, 엄마돼지 아기돼지

B. Call & Response 음악놀이

1. 원을 만든다.

　손을 이용하여 자기 이름소개하기

　내 이름은 김○○이에요.

2. 원을 유지하고 손뼉리듬 옆으로 전달하기: 천천히 중간 빨리

3. 손뼉리듬 상대에게 지그재그 건네기

4. 손뼉리듬 call & response

　A–A → A–A′ → A–B

5. 피아노와 리코더로 call & response

　A–A　　A–A′　　A–B

6. 목소리로 call & response

　A–A　　A–A′　　A–B

7. 노래의 특정 부분에 리듬치기

　　전체 노래-(멍멍멍) 뉘집개냐 복남이네 집게로다(멍멍멍)

　　( )는 무음으로

　　( )는 ♩과 ♫과 ♬의 다양한 조합으로

8. 칠판에 막대 선 그림을 그리게 하여 길이를 소리 내어 보기

C. Epilogue

조별로 작은 원을 만들고 손뼉치기, 막대자 또는 대나무로 강의실 바닥을 치며 묻고 대답하면서 이야기 꾸미기. 이때 이야기 주제를 주어 이야기 꾸미기 활동이 활성화되도록 한다. 이야기 주제는 오늘의 날씨, 나의 기분, 나의 어린 시절, 우리 가족, 숲속의 다람쥐, 팬지꽃(정원 이야기) 등 일상에서 접하는 다양한 주제를 선정해 본다.

▦ 관련 이론

음악을 쉽게 접하는 방법과 원칙

음악은 누구에게나 쉬워야 한다. 쉽다는 것은 재미를 의미하기도 한다. 음악활동을 하면서 즐거울 수 있다면 음악은 모든 사람에게 생활의 일부로 다가서기 쉬울 것이다. 음악은 상호작용에 기초한다. 물음이 있을 때 대답하기를 통하여 서로의 의사소통이 가능하듯이 음악적인 상호작용은 묻고 대답하는 가운데 극대화될 수 있다. 첫 번째 수업에서 우리는 음악적 소통이 가능함을 체험한다. 리듬을 기본 개념으로 하여 다양한 리듬꼴을 의사표현의 수단으로 선택하여 대화를 시도한다면 누구나 빠른 시간에 음악의 세계로 들어갈 것이다. 이런 의미에서 첫 주 수업 때 리듬 call & response로 인사해 보자. 손뼉으로 시작하여 대나무통이나 막대자, 휴지심지통 등을 강의실 바닥에 대고 묻고 대답하는 형식으로 두드리면서 장차 진행될 흥미로운 한 학기 동안의 음악수업을 맞이한다.

제2강 음악의 의미 찾기 및 음악교육철학의 이해

차시	내용	세부내용	방법	준비물	과제	교재
2	음악의 의미 찾기 음악교육철학 이해		조별 토론 및 발표	동영상 작은 별 음원 리코더		1장 개념

🎧 활동의 실제

출석 확인: 첫 주와 마찬가지로 이름이 불리면 학습자는 생각나는 대로 마음대로 리코더로 대답한다. 그러나 첫 주와는 달리 다음의 조건을 제시해 보자.

– 내가 경험했던 오감(느끼고 보고 듣고 말하고 냄새 맡은 것)을 이야기 나누기

A. Prologue 리코더 합주

♫ 추천곡(music excerpt) 봄비, 올챙이와 개구리, 엄마돼지 아기돼지

B. 음악의 의미 찾기

음악 듣고 조별 토론 및 발표

– 프랑스 출생 모리스 라벨(1875~1937)의 죽은 왕녀를 위한 파반(1899작)과 볼레로,
– 오스트리아 출생 모차르트(1756~1791)의 반짝 반짝 작은 별(아, 어머니 들어주세요,
  1778작). 12개 모음곡을 모두 들어 본다.
– 이어서 음악의 의미에 대하여 조별로 토의하고 발표함으로써 음악의 의미를 찾아간다.

음악의 의미를 찾아가기 위한 구체적인 방법은 다음의 순서를 따른다.

▶ 나에 대한 회상(20분)

음악이 나에게 주는 의미, 좋은 기억, 슬픈 기억, 나쁜 기억 회상하기

비디오 보기

'내가 어려서부터 기억하는 노래나 음악이 있다면? 언제부터 이 노래 또는 음악을 알고 있었나? 이것은 무슨 노래 또는 음악곡이었는가? 나에게 이 노래 또는 음악에 얽힌 이야기가 있

는가?(예: 보고 싶은 친구를 기다리면서 들었던 노래, 졸업식 때 울려 퍼졌던 음악, 좋아하는 드라마 OST)' 등에 대하여 이야기 나눈다.

▶ 6~8인/1조로 전체 약 6개조로 나누어 다음의 소주제로 토론과 동시 기록한다(30분).

1. 왜 음악을 교육해야 할까?

2. 왜 영유아에게 음악이 필요한가? 반드시 교육해야 하나? 어떻게 교육해야 하나?

3. 유아의 존재적 특징은 어떠한가?

4. 유아에게 그리고 나에게 음악(소리)은? 어떠한 것일까? 무슨 의미가 있을까?

5. 재능이란 무엇이며 어떤 특성이 있나? 선천적일까, 누구에게나 일반적인가, 후천적일까? 재능의 종류에는 어떤 것이 있을까? (언어재능, 음악재능 등)

6. 비음악적이라는 것은?

7. 음악에 대한 나의 입장은 어떠한가?

(예) 말러: 음악이란 심오한 것, 생각할 필요가 없어.

　　　라벨: 음악? 귀를 열고 들으면 돼.

　　　나: _____ (써 봅시다.)

조별로 토의한 내용을 발표하고 발표한 내용을 토대로 음악의 의미를 정리한다(30분).

〈10분 휴식〉

C. Epilogue 음악교육철학의 이해(교재 제1장 참고)

Lenord Meyer의 예술철학에 대하여 강의(30분): 관련주의-절대주의-절대 형식주의-절대 표현주의

예비유아교사가 지녀야 할 역할을 이야기 나눈다(20분).

▦ 관련 이론

음악에 대한 개념 인식과 음악활동에 대한 영유아교사의 자세 확립

어떤 이에게는 음악이란 즐거운 기억으로 어떤 이에게는 슬픈 것으로 다가올 수 있다. 음악

은 생활의 활력을 제공하기도 하고 스트레스를 없애 주기도 하며 여러 가지 복잡한 감정을 상쇄하기도 하는 등 다양한 역할을 한다. 시대와 지역에 따라서 음악의 기능과 역할은 다양하게 묘사되는데 음악의 일반적 기능은 다음과 같이 요약된다.

1. 음악은 미적 표현의 과정이요 결과이다.
2. 음악은 정서적 안정감과 구성원 간에 단결 및 소속감을 제공한다.
3. 음악은 치료의 기능을 갖는다.
4. 음악은 의사소통의 수단이다.
5. 음악은 그 자체로서 활동이다.

이렇듯 음악은 인간과 분리될 수 없는 교류의 대상이다. 그러나 음악에 대한 기호는 선명하게 구분되기도 한다. 음악을 좋아하는 사람, 싫어하는 사람, 또는 음악이 쉬운 사람, 음악이 어려운 사람, 음악이 가까운 사람, 음악은 먼 세계의 이야기 같이 멀리 느껴지는 사람 등으로 구분이 되는 이유는 초·중등학교를 거치면서 경험했던 좋았던 기억 또는 생각하기도 싫은 나쁜 경험 때문일 수도 있다. 따라서 음악과 가까워지기를 원한다면 우선 자신의 음악세계에 대하여 점검할 필요가 있다.

나와 음악 간의 거리는 어떠한가? 만약 친하지 않은 관계라면 왜일까? 음악과 관련된 나의 과거 경험을 더듬어 볼 필요가 있다. 원인은 분명히 있을 것이다. 어렸을 때 진도에 급급하여 칭찬보다는 혼나면서 악기 레슨을 받은 경험이 있거나, 학교에서 음악시험을 볼 때 학생이 선택하는 대신 교사가 일방적으로 정한 곡을 무조건 노래 불러야 했거나, 학생이 편안하게 다룰 수 있는 악기 대신 교사가 정한 특정 악기(예를 들면, 리코더)로만 연주하기 등 강압적인 분위기에서 음악을 접한 경우가 많았다면 당연히 음악은 두려움의 대상으로서 음악을 싫어하거나 멀게 느끼는 원인이 되었을 것이다.

그러나 사람은 누구나 태어나면서 음악적 재능을 타고나는데 성장의 과정에서 잘못 인식된 교육방식과 평가에 의하여 타고난 재능이 소멸되는 과정에서 음악에 대한 선호가 형성된다. 이는 음악을 지속적으로 좋아하는 사람과 한없이 멀게 느껴지는 사람으로 구분되게 한다. 그렇지만 교육에 의하여 사라진 음악적성은 다시 소생될 수 있다. 그렇게 하기 위해 우리는 음악과 멀어진 이유를 분명히 확인하여 그 원인을 최소화해야 한다. 즉, 음악적이라는 것은 노래를 잘 부른다거나 악기를 잘 다루는 것으로 국한되지는 않는다. 표현이 잘 안 되더라도 음악을 듣고 느낄 수 있을 때, 그리고 그 음악에 대하여 이야기할 수 있을 때, 또한 꼭 음악이 아니더라도 몸으로나, 말로나, 그림으로나, 어떤 식의 방법으로든지 그 음악에 대하여 표현할 수 있을 때 이 사람은 음악과 친하다고 할 수 있다. 따라서 오늘의 수업에서는 음악과 나의 관계를 파악하고 멀리 있다면 멀어진 원인을 찾아보고 멀어진 원인에 대한 그동안의 고정관념을 수정함으로써 원인을 제거하기 위한 방법을 이 수업을 듣는 우리 모두가 빠른 시일 안에 찾아냄으로써 음악과 친구가 될 수 있음을 확신해 보자.

동영상: 배상민 카이스트 교수(네이버 동영상, 세바시 329회 세상을 치유하는 나눔)

제3강 미적요소의 발견, 인식, 이해

차시	내용	세부내용	방법	준비물	과제	교재
3	미적요소의 발견, 인식, 이해	관찰 탐색	캠퍼스 산책 발표	산책 중 마련한 동영상, 사진, 메모 개인기록물 리코더	침묵 관찰	3장 목표와 내용

활동의 실제

출석 확인: 주어진 아이콘을 보고 선택하여 대답

아이콘 샘플

A. Prologue 리코더 합주–동요

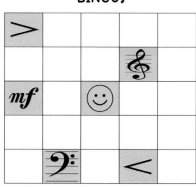

BINGO♪

두 명씩 짝을 지어,

1. 위의 표를 보고 한 명이 먼저 선택한 음악부호 순서대로 리코더를 분다.

　다른 한 명은 짝의 리코더 소리를 듣고 그림의 순서를 맞힌다.

2. 순서를 바꾸어 같은 방법으로 음악부호 소리 맞히기를 반복한다.

B. 미적요소의 발견, 인식, 이해:

야외 자연 및 주변물을 관찰하고 탐색한 후 강의실로 돌아와 개별 발표를 한다.

강의실을 떠나 모두 밖으로 나간다.

자연물 및 주변물 등 주변 환경을 살피면서 침묵 탐색하는 과정에 오감으로 느낄 수 있는 것을 기억하고 사진을 찍거나 기록으로 남기면서 여기에 숨어 있는 질서를 발견하고자 노력한다. 이때 관찰자들 간의 이야기는 금물이며 발견한 질서나 기억하고 싶은 것, 담고 싶은 것을 스마트폰을 이용하여 녹음하거나 사진을 찍어 기록으로 남긴다.

각자의 기록물을 조별로 수합하여 동영상으로 편집할 것을 요청한다.

조별로 동영상을 공유하며 기록으로 남긴 이유에 대하여 이야기한다.

C. Epilogue

각자의 기록물을 조별로 수합하여 제작한 동영상을 조별로 공유하며 기록으로 남긴 이유에 대하여 이야기 나눈다. 이때 반복, 대조, 대비, 대칭 등의 미의 원리를 이끌어 낸다.

관련 이론(교재 제3장 참고)

미적요소는 개인의 관심 정도에 따라 무궁무진하게 발견될 수 있음을 알 수 있다. 강의실, 캠퍼스의 외벽, 교정에 심어 놓은 나무와 나뭇가지, 나뭇잎, 시시각각 변하는 구름, 바람, 그림자 등 무수히 많은 사물과 환경에는 미적요소가 질서를 갖추고 상징적으로 배열되어 있음은 흔히 발견되는 일상의 모습이다. 그러나 이러한 요소는 일반적으로 무관심의 대상이므로 이를 발견하기 위한 노력이 필요하다. 따라서 주변 관찰과 탐색은 영유아교사에게 있어 매우 중요한 과업이다. 관찰과 탐색을 통한 상징적 질서의 발견은 영유아음악교육에서의 예술의 본질로 다가갈 수 있는 기초 작업으로서 유아교육현장에서 상호작용 중심의 교수–학습법을 통해 통합적으로 실행하도록 돕는 기본요소라고 할 수 있다.

제4강 소리의 생성 및 개념, 음악적 개념과 요소에 대한 체험, 이해, 표현

차시	내용	세부내용	방법	준비물	과제	교재
4	소리의 생성 및 개념 음악적 개념과 요소에 대한 체험, 이해, 표현	신체와 악기로 표현하기	강의 조별활동	동영상 리코더	음악적 개념 중심의 표현	3장

활동의 실제

출석 확인: 계절을 나타내는 동요의 일부분을 리코더로 대답해 보자.

A. Prologue 리코더 합주–동요

피아노로 연주되는 동요를 듣고 리코더로 따라 부르기

피아노로 연주되는 동요를 듣고 함께 노래 부르기

아무나 리코더로 동요 연주를 시작하면 모두 같이 리코더 합주하기를 계속 이어서 한다.

B. 소리와 음악의 특성 이해를 위하여 관련 동영상을 보고 음악적 개념과 요소에 대한 이해를 확인한

후 실제 음악곡을 가지고 음악적 특성을 분석하기

소리파장

지난주 수업 회상–음악이론, 용어, 간략한 정의

http://youtu.be/INqfM1kdfUc 기타를 통한 소리파장 인식

2019 개정 누리과정에 대하여 간략히 알아보기

노래곡의 적합성 분석하기(이 책 pp. 88-89 참조)

　정경화(Youtube 어머니에 대하여 CGN)

　김영하(Ebs, Ted, 예술가가 되자 지금 당장)

C. Epilogue 아는 악기 이름 찾아보기, 악기군 구분하기

악기에 대한 비디오 보기 'The Orchestra' by MRP Video

유튜브 보기: 악기 이야기와 함께하는 세계여행, 폐품악기, 야채와 주방기구로 음악연주를,

　　　　악기의 탄생(EBS 다큐프라임), 무릎학교(수학 음악 속에 담긴 수학), 인간악기

　　　　딩동댕 유치원-악기들이 사는 나라, 악기는 무엇으로 사는가

　　　　Orff instrument by Jenkins, 악기놀이

악기 탐색하기: 디저리두, 라비 샹카르의 시타, 허디거디, percussion

동요를 악기와 신체로 연주하기

방과후 영유아음악활동 사업체 알아보기: 뮤앤무 오르프 특성화, 압구정 오디

관련 이론(교재 제3장 참고)

헤르츠의 이해, 연주장의 조율 음정

소리높이, 소리길이, 소리크기

가락, 리듬, 세기, 음색, 형식

음정, 음흐름

그림악보, 숫자악보, 오선악보

我有一只小羊羔

```
        3. 2 1 2 |3 3  3  |2 2  2  |3 5  5    3. 2 1 2   3 3   3 1   2 2   3 2   1   −
  1. 我  有 一 只  小 羊 羔,  小 羊 羔,  小 羊 羔,  长 着 一 身  洁白  绒毛, 洁白  绒     毛。
  2. 不  论我 要  到哪 里,  到哪 里,  到哪 里,  小 羊 和 我  总在  一起, 总在  一     起。
        △ △ □   |△ △ □ |△ △ □|△ △ □    ○○○○  △◿ △◺  △◿ △◺  □   □
```

△ 自拍手　□ 互拍手　○ 拍肩膀　◿ 互拍左手　◺ 互拍右手

앞서 제시한 숫자악보는 한국에서 '떴다 떴다 비행기~'로 알려진 외국의 전래동요 'Mary had a little lamb'의 가사를 그대로 중국어로 번안한 것이다. 1절과 2절의 영어 가사와 중국어 가사 발음과 뜻, 그리고 뜻은 다르지만 우리말 가사는 다음과 같다.

1. Mary had a little lamb little lamb little lamb,
   (Mary had a little lamb) its fleece was white as snow
   워여 이쯔 샤오양 까오 샤오양 까오 샤오양 까오(나에게는 작은 양 작은 양 작은 양이 있어요)
   쟝쥐이샨 지에바이 롱 마오 우런워야오 따오나리(털이 하얀 털이 하얀 양이 있지요)

2. And everywhere that Mary went, Mary went, Mary went,
   everywhere that Mary went, the lamb was sure to go.
   부어론 워야오 따오나리 따오나리 따오나리(내가 가는 어디라도 어디라도 어디라도)
   샤오야 흐어워 쫑짜이이찌 쫑짜이이찌 쫑짜이이찌(어디라도 어디라도 어디라도 항상 날 따라와요)

   떴다 떴다 비행기 비행기 비행기
   멀리 멀리 날아라 우리 비행기

제5강 2019 개정 누리과정과 표준보육과정에서의 음악

차시	내용	세부내용	방법	준비물	과제	교재
5	2019 개정 누리과정과 표준보육과정에서의 음악	예술경험 영역	강의	누리과정/ 표준보육과정 교사용 지도서 및 학술논문 리코더	퀴즈	3장

🎧 활동의 실제

출석 확인: 어제의 오감 체험(느끼고 보고 듣고 말하고 냄새 맡은 것)을 리코더로 이야기 나누기를 하되 다음의 방법으로 시도하면서 미의 원리를 체험해 본다.

앞사람 소리 따라 부르기: 반복

앞사람 소리 반대로 만들어 부르기: 대조

내가 만든 두 가지 다른 소리 부르기: 대비/대조

앞사람 두 가지 다른 소리 뒷사람이 거꾸로 따라 부르기: 대비, 대조

A. Prologue 리코더 합주

  ♫ 추천곡(music excerpt) 숲속의 합창, 개구리

B. 2019 개정 누리과정/표준보육과정에서의 예술경험영역에 대해 알아본다.

누리과정의 구성방향은 추구하는 인간상, 목적과 목표, 구성의 중점으로 구분된다. 누리과정이 추구하는 인간상은 건강한 사람, 자주적인 사람, 창의적인 사람, 감성이 풍부한 사람, 더불어 사는 사람이고, 누리과정의 목적은 유아가 놀이를 통해 심신의 건강과 조화로운 발달을 이루고 바른 인성과 민주 시민의 기초를 형성하는 데 있다. 이를 실현하기 위한 목표로 자신의 소중함을 알고, 건강하고 안전한 생활습관을 기른다. 자신의 일을 스스로 해결하는 기초능력을 기른다. 호기심과 탐구심을 가지고 상상력과 창의력을 기른다. 일상에서 아름다움을 느끼고 문화적 감수성을 기른다. 사람과 자연을 존중하고 배려하며 소통하는 태도를 기른다. 즉, 기본생활 습관형성과 질서, 배려, 협력 등의 바른 인성교육의 수행 그리고 사람과 자연을 존중하고 우리 문화를 이해하도록 도모하는 것으로 초등학교과정과의 연계에 중점을 둔 전인

발달에 기초한 창의적인 인재 양성에 중점을 둔다. 누리과정은 연령에 맞는 기본능력과 바른 인성을 기르고, 민주시민의 기초를 형성에 기초를 두고 기본운동능력과 건강하고 안전한 생활습관을 기르는 신체운동·건강영역, 일상생활에 필요한 의사소통능력과 바른 언어사용 습관을 기르는 의사소통영역, 자신을 존중하고 다른 사람과 더불어 생활하는 태도를 기르는 사회관계영역, 아름다움에 관심을 가지고 예술경험을 즐기며 창의적으로 표현하는 능력을 기르는 예술경험영역, 호기심을 가지고 주변 세계를 탐색하며, 일상생활에서 수학적, 과학적 문제 해결능력을 기르는 자연탐구영역으로 구성된다. 특히 인성교육이 강조되는 최근 교육현실을 볼 때 영유아기로부터 예술교육을 통하여 창의적이며 더불어 살아가는 조화로운 미래의 인재를 키우는 교육은 모두의 관심 대상이다.

① 예술경험의 교육목표는 아름다움과 예술에 관심을 가지고 창의적 표현을 즐기는 능력을 기르는 것이다. 이에 유아교사는 음악의 기본 개념과 요소를 이해하고 음악을 일상생활 속에서 좋아하고 즐기며 영유아들과 음악을 통한 예술 세계를 경험하도록 도모함으로써 영유아에게 즐겁고 행복한 미적 체험의 시간을 제공해야 한다. 이에 대한 준비과정으로 예비유아교사는, 첫째, 음악의 주요개념과 내용을 이해하고, 둘째, 최적의 미적 체험을 위하여 음악활동을 통합적으로 전개할 수 있는 기술을 습득해야 하며, 셋째, 창의적이고 지속적인 미 체험 활동 제공을 위하여 교사에게 필요한 사항을 숙지하고 준비하는 스스로의 음악적 역량을 강화하고, 넷째, 음악활동 중 영유아의 음악성 발현의 특징을 발견하여 안내자로서의 교사의 역할을 전문성을 갖추고 감당해야 할 것이다. 제시된 이상의 교육목표는 어느 것도 소홀함이 없이 모두가 동시 반영되어야 한다.

② 예술경험의 교육내용은 아름다움 찾아보기와 창의적으로 표현하기, 예술 감상하기로 나뉜다. 아름다움 찾아보기는 자연과 생활에서 아름다움을 느끼고 즐기기 위함으로 음악적 개념과 그의 하위내용인 음악적 요소 찾아보기, 움직임과 춤 탐색하기로 세분되며 창의적으로 표현하기는 음악적 표현으로서 소리 만들기, 노래 부르기, 신체, 사물, 악기를 이용하여 표현하기와 음악과 다른 예술영역을 통합하여 움직임과 춤으로 표현하기, 극놀이를 경험하고 이야기를 표현하기이다. 예술 감상은 다양한 예술을 감상하며 상상하기를 즐기고 서로 다른 예술표현을 존중하며 특히 우리나라 전통 예술에 대하여 관심을 갖고 친숙해질 수 있도록 감상하기를 장려하는 세부내용으로 구성된다. 이 모두는 표

현활동뿐 아니라 표현에 앞선 음악에 대한 지각과 인식과 이 모두를 통한 음악적 기호 형성이라는 보다 큰 범주를 의미하므로 이상은 영유아음악교육을 학문적 관점에서 살펴볼 필요가 있다.

누리과정/표준보육과정 교사용 지도서, 관련 학술 및 학위논문 내용 살펴보기의 예

학술논문 「3-5세 연령별 누리과정 교사용 지도서의 예술경험영역 음률(음악) 및 음악활동 내용분석」 연구물을 통하여

연구자	발행일	학술지명(발행기관)	게재호수	수록페이지
김영연, 김경숙, 김복희, 이성화	2016. 7. 16.	음악교육공학(한국음악교육공학회)	28호	17-34

이 연구의 목적은 3-5세 연령별 누리과정 교사용 지도서에 제시된 음악활동안에 대하여 분석하는 것이다. 제시된 활동안의 음악활동의 목표가 활동영역의 관련요소와 관련성이 높은지, 목표가 활동서술어로 구체적이며 명확하게 진술되었는지, 활동 내용과 방법의 선정이 발달수준과 목표도달에 적합한지, 유아가 목표에 도달했는지 평가할 수 있는 방법이 제대로 되었는지에 대해 분석하여 얻어지는 연구의 결과를 추후 국가수준의 영유아음악교육과정에 참고할 수 있는 자료를 제공하고자 하였다.

교사용 지도서에 기술된 예술경험영역의 음악 및 음률활동 관련 기술의 내용을 분석한 결과 음악활동안의 목표와 내용범주-내용-세부내용과의 관련성은 미약했다. 목표 진술의 명확성과 구체성도 미흡하였다. 진술된 활동내용과 방법이 목표에 도달하기 어려웠다. 평가 사항이 누락되어 활동을 통하여 유아가 목표에 도달하였는지 알 수 없다는 연구결과를 얻었다. 이상의 결과는 국가수준의 유아교육과정에서 제시하는 음악활동이 음악교과학, 유아교육학, 교육과정학에 기초할 필요성을 제시하며 활동목적과 목표, 내용, 방법, 평가의 위계성이 교육과정의 수립의 단계, 보급의 단계, 실행의 단계, 재구성에 단계에 반드시 반영되어야 할 필요성이 있음을 제시하였다.

C. Epilogue 퀴즈

관련 이론(교재 제3장 참고)

국가수준의 유아교육과정에서는 교사용 지침서 및 교사용 지도서에서는 유아교사의 교육·보육활동을 계획하고 실행하기 위한 과정에 연령별 발달에 적합한 목적과 목표 달성에 용이하도록 제시되는 활동안들의 목표설정과 내용 및 방법의 선정 그리고 평가계획에 이르기까지 일련의 과정이 구체적으로 제시되어야 할 것이다. 이러한 관점에서 2019 개정 누리과정의 교사용 지도서를 포함 향후 누리과정에서 제시되는 활동안은 총론에서 제시된 바대로 활동안에 목표설정–내용 및 방법선정–평가계획이 조화롭게 조직되고 진술되었는지에 대한 내용 검토가 필요하다.

Tyler(1949: 1)의 주장에 의하면 교육과정 수립과정에서 설정한 교육목표가 합당한가, 교육목표 달성에 도움이 되는 교육경험은 무엇인가, 교육경험을 효과적으로 조직할 수 있는 방안은 무엇인가, 교육목표에의 달성 여부를 확인할 수 있어야 한다.

제6강 가락과 화음, 세기와 강약, 빠르기, 형식, 박자 등에 대한 이해와 표현

차시	내용	세부내용	방법	준비물	과제	교재
6	가락과 화음, 세기와 강약, 빠르기, 형식, 박자 등에 대한 이해와 표현	신체와 악기로 표현하기	강의 조별활동 발표	다양한 악기 리코더	국악음악회 관람보고서 제출	3장 6장 표현지도

🎧 **활동의 실제**

출석 확인: 이름이 불리면 마음대로 리코더로 대답한다. 리코더로 인사(출석, 오늘의 할 일을 둘씩 짝지어 이야기하기)

A. Prologue 리코더 합주–동요

♩ 추천곡(music excerpt) 봄비, 봄님

B. 음악적 개념과 요소를 이해하고 신체와 악기로 표현하기

조별로 좋아하는 가요 또는 동요 한 곡을 택하여 리듬을 몸(부분, 두 파트 이상)으로 표현하여 서로 알아맞히기

조별로 좋아하는 가요 또는 동요 한 곡을 택하여 주변에 있는 도구를 활용하여 소리 내면 알아맞히기

조별로 좋아하는 가요 또는 동요 한 곡을 택하여 그 곡의 가락이나 음색이나 형식이나 세기를 택하여 몸, 도구, 소리, 이야기, 노래 등으로 표현하기

C. Epilogue 이전 활동에 활용한 곡에 대하여 리듬을 몸/움직임으로 표현하기

참조: http://www.dalcrozeusa.org

리듬을 모노톤 소리로 노래해 본다. 참조: http://www.aosa.org

음정을 손으로 노래해 본다. 참조: kodaly music institute vocal vacation

곡 전체를 머릿속으로 생각하다 신호에 맞추어 노래해 본다.

참조: Gordon music workshop, suzuki 야후 동영상, CD

관련 이론(교재 제3장과 제6장 참고)

동요의 특징 분석, 연령별 적합한 동요 선택하기, 선곡한 동요에 적합한 음악활동 정하기

우리나라는 2013년 3월부터 3~5세 유아를 대상으로 연령별로 차별화된 국가수준의 공통 유아교육과정인 누리과정에 이어 최근에는 2019 개정 누리과정을 시행하게 되었다. 2019 개정 누리과정은 신체운동·건강영역, 의사소통영역, 사회관계영역, 예술경험영역, 자연탐구영역의 5개 영역으로 구성되는데 그중 유아교육현장의 하루 일과 중 대소집단 중심의 음악활동과 자유선택놀이 시간에 집중적으로 다루어지는 음률활동은 예술경험영역에 속한다. 예술경험영역의 목표는 ① 자연과 생활 및 예술에서 아름다움을 느낀다, ② 예술을 통해 창의적으로 표현하는 과정을 즐긴다, ③ 다양한 예술표현을 존중한다로서 예술경험영역에서 다루어지는 내용범주는 아름다움 찾아보기, 창의적으로 표현하기, 예술 감상하기이며 각각은 다음의 내용으로 구성된다. 첫째, 자연과 생활에서 아름다움을 느끼고 즐기며 음악적 요소, 움직임과 춤요소, 미술적 요소 등과 같은 예술적 요소에 관심을 갖고 탐색하기이다. 둘째, 노래를 즐겨 부르고 신체, 사물, 악기로 소리 내고 리듬을 만들며, 신체나 도구를 활용하여 움직임과 춤으로 자유롭게 표현하고, 다양한 미술 재료와 도구로 자신의 생각과 느낌을 표현하며, 극놀이로 경험이나 이야기를 표현하기이다. 셋째, 우리나라 전통 예술을 포함한 다양한 예술에 관심을 갖고 감상하며 상상하기를 즐기고 서로 다른 예술 표현을 존중하는 것이다.

음악 관련 내용을 이해하고 표현하며 즐겁게 체험하기 위하여 교사가 제공하는 음악 활동은 교육적 의미를 갖추어야 한다. 이를 위해 음악교육의 기본요소인 음악적 개념과 음악적 요소에 대한 지식은 유아교사가 필수적으로 갖추어야 할 사항이다. 음악적 개념이란 음악적 요소의 상위 내용으로서 각각은 다음과 같이 설명된다.

1. 음악적 개념(Musical concepts)

가락(Melody)은 음의 높고 낮음과 길고 짧음의 유기적인 결합이다. 가락은 음악을 구성하는 가장 기본이 되는 요소로서 이는 작곡자의 생각과 느낌을 전달하는 기본적인 수단이다. 가락은 흘러가는 음악의 바탕을 이루는 소리의 선적인 움직임을 뜻하며 이는 모든 시대, 모든 민족에게서 볼 수 있는 근원적인 음악현상이다. 가락의 유형이나 양식은 음의 진행방향, 진행양상, 반복 및 변화의 원리에 따라 조직됨으로써 생성되며 시대나 민족에 따라서 극히 다양한 모습을 나타낸다.

리듬(Rhythm)은 길고 짧은 음과 침묵의 시간적 결합에 의한 진행질서를 뜻한다. 리듬은 모든 음악의 요소 가운데 기본이 되는 것으로 리듬에는 강약과 장단의 두 가지 요소가 내포되어 있다. 소리의 길고 짧음을 바탕으로 일정한 소리패턴은 박을 이루고, 곡의 원활한 흐름을 일정하게 이끌어 가는 박자는 리듬의 하위개념이다.

음색(Timbre)은 소리 진원 물체의 재료, 구조, 크기에 따라서 형성되는 소리파형에 의하여 결정되는 독특한 소리의 색을 의미한다. 구체적으로는 악기의 구조, 연주방식, 연주장의 건축 구조와 음향 설비에 따라서 서로 다른 여러 모양의 파형을 생성하고 이것이 복합되어 또 다른 복합화음을 만들어 내는데 이때 만들어지는 소리의 성질이 나름대로 특색 있는 음색의 악기와 목소리를 생성한다.

셈여림(Loudness)은 음의 셈과 여림의 정도를 나타내는 것으로 셈여림의 지시는 악곡의 표정이나 성격을 더욱 자세하고 명확하게 나타내 준다. 일반적으로 셈여림 기호는 곡의 일정 부분에 적용되는 고정된 셈여림과 점차로 변화되는 셈여림, 갑작스러운 셈여림이 있다. 고정된 셈여림으로는 피아니시모(*pp*: 매우 여리게), 피아노(*p*: 여리게), 메조피아노(*mp*: 조금 여리게), 메조포르테(*mf*: 조금 세게), 포르테(*f*: 세게)가 있고, 점차로 변화되는 셈여림에는 크레셴도(*cresc*: 점점 세게), 디크레셴도(*decresc*: 점점 여리게)가 있으며, 갑작스러운 셈여림에는 스포르잔도(*sf*: 특히 세게), 포르테피아노(*fp*: 세게 곧 여리게) 등이 있다.

형식(Form)이란 악곡을 구성하는 조직, 즉 악식을 뜻한다. 리듬, 가락, 셈여림, 화성 등의 요소들이 심미적인 의미를 전달하기 위하여 전체적인 음악적 디자인으로 배열되고 조직되었을 때 그 결과로서 음악의 형식이 형성된다고 보면 된다.

※ 이상 다섯의 광의의 음악적 개념은 음악교과 교육과정의 가장 기본적인 내용으로서 Jerome Bruner의 나선형 교육과정을 적용하여 Headstart 프로그램의 일부인 음악 프로그램 MMCP(Manhattanville Music Curriculum Project)의 기본틀을 제공한다.

2. 음악적 요소(Musical elements)

빠르기는 단위 박이 발생하는 속도를 말한다. 빠르기는 보통 빠르기를 기준으로 하여 아주 빠르게부터 아주 느리게까지 여러 가지 고정된 빠르기와 점점 빠르게, 점점 느리게 등 점차적으로 변하는 빠르기가 있다. 곡의 빠르기는 음악의 분위기에 영향을 주며 같은 곡이라도 빠르기에 따라 느낌이 달라진다. 일반적으로 빠른 곡은 느린 곡보다 좀 더 경쾌한 느낌을 주며 느린 곡은 조용하고 온화한 분위기가 된다.

조성이란 으뜸음에 의하여 질서와 통일을 갖게 된 여러 음의 체계적 현상이다. 조성은 보통 두 가지로 사용된다. 첫째는 하나의 조가 가지고 있는 특성, 즉 장조와 단조를 구분하는 용어이고 둘째는 어떤 음을 기본음(으뜸음)으로 하는 조인지를 나타낼 때 사용된다.

음역은 노래를 부를 때 소리를 낼 수 있는 최저음부터 최고음까지의 범위를 말한다.

음정은 음과 음 간의 거리를 뜻하며 거리는 도수로 나타낸다. 예를 들면, 장2, 3, 6, 7도, 단 2, 3, 6, 7도, 완전1, 4, 5, 8도, 증1, 2, 3, 4, 5, 6, 7, 8도, 감1, 2, 3, 4, 5, 6, 7, 8도를 들 수 있다. 음이름표는 우리나라의 다라마바사가나다, 영국 등 영어권 국가의 c d e f g a b c, 이태리의 도레미파솔라시도로 알려져 있다.

장단은 국악에서의 장단형과 양악에서의 박과 빠르기로 나뉜다. 박(beat)은 소리의 길고 짧음에 의해서 이루어지는 시간적인 최소의 단위이며 음악에서 느껴지는 파동을 뜻한다. 여러 박이 모여서 일정한 시간적 길이를 이룰 때 박자(meter)가 된다. 센박과 여린박이 규칙적으로 되풀이되면서 형성되는 리듬의 기본적 단위를 박자라고 하는데, 이는 리듬활동의 기초가 되고 곡의 성격을 정해 준다. 박자는 한마디 안에 포함되는 단위음표(1박으로 세는 음표)의 수에 따라서 다양한 종류의 박자가 형성될 수 있다. 박자는 한 마디 안의 박의 강세 패턴에 따라 강, 약의 반복인 2박자계나 강, 약, 약의 반복인 3박자계, 그리고 강, 약, 중간, 약의 4박이 있으나 이때 4박은 2박자계로 묶일 수 있다. 즉, 박자는 크게 duple(2박계)과 triple(3박계)로 크게 나뉘고 이 중의 하나만 택하느냐 둘로 하느냐에 따라 홑박자(2/4, 3/4, 3/8), 겹박자(4/4, 6/8, 9/8), 혼합박자(5/4, 7/4, 11/8 등)로 달리 구분된다.

시김새는 국악에서 꾸밈음을 일컫는 말이다. 국악만이 갖는 독특한 요소로 농현을 지적하기도 하는데 농현은 시김새의 일부라고 할 수 있다. 시김새는 성악과 기악을 포함한 모든 우리 음악의 연주에서 발생되는 미묘한 음과 리듬의 변화, 떨림, 장식음 등의 독특한 연주기법, 혹은 이에 의한 음악적인 아름다움과 그에 따른 멋이라 정의하기도 한다. 결국 시김새는 가락의 자연스러운 연결이나 유연한 흐름을 위하여 또는 화려함과 멋스러움을 위하여 어느 음에 부여되는 요성(농현−떠는 음), 퇴성(꺾는 음), 추성(밀어 올리는 음), 전성(굴려 내는 소리)과 같은 표현 기능을 포함한다고 할 수 있다.

※이상의 음악적 요소는 가락의 기초단위인 음(tone, tune, pitch), 음정(interval), 화음 (harmony), 음흐름(contour), 가락꼴(melodic pattern) 등으로 세분화되고 리듬은 박(beat), 박자(meter), 리듬꼴(rhythmic pattern) 및 빠르기(tempo)로, 세기는 세기(dynamics), 강약 (accent), 셈여림(crescendo/decrescendo)으로, 형식은 소나타나 론도 형식 등으로 세분된다.

제7강 창작으로의 초대

차시	내용	세부내용	방법	준비물	과제	교재
7	창작으로의 초대	동요창작	강의 개별활동 창작활동	동시 오선지 리코더		6장

활동의 실제

출석 확인: 이름이 불리면 마음대로 리코더로 대답한다. 다만 자신의 어제 체험한 오감(느끼고 보고 듣고 말하고 냄새맡은 것)을 주제로 한다.

A. Prologue 리코더 합주-동요

앞사람 소리 따라 부르기: 반복

앞사람 소리 반대로 만들어 부르기: 대조

내가 만든 두 가지 다른 소리 부르기: 대비/대조

앞사람의 두 가지 다른 소리 뒷사람이 거꾸로 따라 부르기: 대비, 대조, 대칭

♫ 추천곡(music excerpt) 작은 동물원, 우리 모두 다같이

B. 창작의 과정

1. 2019 개정 누리과정이나 표준보육과정에서 생활주제를 선정한다.

   선정한 주제에 적합한 내용의 동시를 짓는다.

2. 창작한 동시를 동요곡으로 변형시키기에 앞서 박자를 정한다.

   형식을 정하기 위해 전체 마디수를 결정한다.

   동시에 정한 박자로 운을 붙이고 자연스럽게 낭송하는 과정에 마디를 끊어 가며 전체 길이를 조정한다.

3. 대상연령을 고려하여 이에 적합한 창작곡의 음역을 정하고 이 범위 안에서의 원하는 음 흐름의 모양을 선으로 그려 본다.

   그려진 흐름이나 원하는 음을 직접 입으로 소리를 내어 보며 음정을 정하면서 이를 오선

에 그려 본다.

원하는 소리인지 계속 확인하기 위하여 소리를 반복하여 내어 봄과 동시에 음의 길이를 택하면서 리듬을 구성한다. 이를 음표나 쉼표로 오선에 그려 본다.

C. Epilogue

오선에 대강 그려진 임시악보를 피아노로 쳐 보며 내가 원하는 음인지 확인하고 창작한 소리에 만족할 때까지 계속 수정을 반복한다. 어느 정도 마음에 들면 악보로 출력할 수 있는 computer software를 찾아 악보로 출력해 본다. 출력한 악보를 친구들에게 나누어 주고 함께 노래 부르거나 악기연주를 해 본다.

관련 이론(교재 제6장 참고)

박자, 마디, 길이, 형식, 음정, 가락, 리듬

(예비)유아교사가 창작한 동요의 예

가을

원미정 작사·작곡

바 람 이 살 랑 간 지 럼 태 우 면
잠 자 리 윙 윙 즐 겁 게 춤 추 면

하 하 호 호 나 뭇 잎 빨 개 진 대 요
데 굴 데 굴 도 토 리 소 풍 간 대 요

 **제8강 중간고사**

차시	내용	세부내용	방법	준비물	과제	교재
8	중간고사					

중간고사 대비용 예상문제 풀어 보기

1. 다장조 도레미파솔라시도 음계의 ① 우리말 이름과 ② 영어 이름을 쓰시오.

　①

　②

2. 오선악보를 그리려고 한다. 조(key, 調)를 정할 때 #이 붙는 7개음을 다장조라 가정하여 순서대로 쓰시오.

　파――

3. 오선악보를 그리려고 한다. 조(key, 調)를 정할 때 ♭이 붙는 7개음을 다장조라 가정하여 순서대로 쓰시오.

　시――

4. 다음 음표의 이름과 길이를 쓰시오. (♩ = 사분음표, 4박자)

　♩. =　　　　　　　　　　♪ =

5. 바장조의 도음은 영어로 (　　　)이고 사장조의 도음은 한글로 (　　　)이며 다장조에는 # 이나 (　　　)의 조표가 있다(　　　)/없다(　　　).

6. 소리 파장의 높이에 의하여 결정되는 소리의 성질은?

7. 음악의 기초 3요소(개념)를 써 보시오.

8. 가운데 c′에서 올라가는 방향의 a′에 해당하는 음의 높이는?

　① 110 헤르츠　　② 220 헤르츠　　③ 330 헤르츠　　④ 440 헤르츠

9. 음색을 결정하는 요인이 아닌 것은?

　① 악기의 재료　　② 연주자　　③ 악기의 크기　　④ 악기의 주인

10. 주요 3화음에 속하지 않는 것은?

　① ii　　② V　　③ IV　　④ I

11. 화음은 3개 이상의 음이 ① 2도 이상 ② 3도 이상 ③ 4도 이상의 간격을 유지한다.

12. 현재 유치원과 어린이집에서 활용되는 2019 개정 누리과정 중 음악은 어디에 속하는지 제시하고 제시된 교육내용을 범주와 내용으로 구분하여 소개하시오.

13. 예술 철학가 레너드 마이어가 제시한 지시주의와 절대주의에 대하여 설명하시오.

14. 음악교육에 대한 음악교육가 리머와 엘리엇의 견해를 논하시오.

〈답〉

1. ① 다라마바사가나다 ② cdefgabc

2. 도솔레라미시

3. 미라레솔도파

4. 정사분음표, $1\frac{1}{2}$박자 팔분음표, $\frac{1}{2}$박자

5. F, G, ♭, 없다.

6. 음고(pitch)

7. 가락, 리듬, 화음

8. ④

9. ④

10. ①

11. ②

12. 예술경험영역

내용범주

(1) 아름다움 찾아보기 (2) 창의적으로 표현하기 (3) 예술 감상하기

내용

(1) 자연과 생활에서 아름다움을 느끼고 즐긴다. 예술적 요소에 관심을 갖고 찾아본다.

(2) 노래를 즐겨 부른다. 신체, 사물, 악기로 간단한 소리와 리듬을 만들어 본다. 신체나 도구를 활용하여 움직임과 춤으로 자유롭게 표현한다. 다양한 미술 재료와 도구로 자신의 생각과 느낌을 표현한다. 극놀이로 경험이나 이야기를 표현한다.

(3) 다양한 예술을 감상하며 상상하기를 즐긴다. 서로 다른 예술 표현을 존중한다. 우리나라 전통 예술에 관심을 갖고 친숙해진다.

13. 지시주의—음악 외적 요소 중시

절대주의—음악 작품 또는 작가와 감상자 중시

14. 리머—대중 음악교육 중시, 감상 중시

엘리엇—음악 엘리트교육 중시, 음악하기 중시

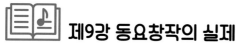

제9강 동요창작의 실제

차시	내용	세부내용	방법	준비물	과제	교재
9	동요창작의 실제	창작동요 완성	발표	건반악기 포함 악기와 출력된 창작곡 악보 리코더	중간고사 문제풀이	6장

활동의 실제

출석 확인: 리코더로 자신이 창작한 동요 일부를 부르고 싶은 대로 마음껏 소리 낸다.

A. Prologue 리코더 합주-이전 시간에 각자 창작한 동요를 리코더로 연주한다.

B. 창작동요 공유

이전 주에 창작한 동요의 출력악보를 가져와 친구들에게 나누어 주고 함께 노래 부르거나 악기연주를 한다.

C. Epilogue 우수 창작동요 선정 및 자신의 곡 악곡 분석해 보기

관련 이론(교재 제6장 참고)

동요 창작하기 경험을 쉽게 접하는 방법과 원칙

창작된 동요의 개사나 동요창작을 너무 쉽게 생각하는 것도 바람직하지 않으나 그렇다고 하여 예비교사나 교사가 너무 어렵게 생각할 것도 아니다. 영유아의 정서를 담은 동시가 있으면 이를 동요로 창작하여 영유아와 함께 즐겨 보는 것은 의미 있는 일이다. 다만, 동요 형식에 대한 일반적인 상식을 전제로 하여 생활주제에 적합한 동시 주제 찾기 → 동시창자 → 마디로 끊기 → 박자 정하기 → 영유아 연령에 적합한 음역과 음높이 정하기 → 음의 길이 정하기를 정성껏 반복한다면 영유아와 교사 모두가 즐길 수 있는 멋진 동요곡이 나올 것이다. 이러한 창작활동은 5세아와의 협동작업도 가능할 것이고 창작된 동요에는 유아와 교사 모두의 노력이 담겨 있으므로 더욱더 적극적으로 음악활동에 활용할 수 있다.

〈 창작곡 악보와 악곡 분석의 예 〉

생활주제: 나의 건강과 청결

활동명: 치카치카 양치해요

연령: 만 4~5세

양치시간

선세희 작사 · 작곡

[곡 분석]

－조성: 다장조

－박자: $\frac{4}{4}$

－음역: $c'\sim c''$

－형식: 8마디 한 도막 형식

－(권장) 악기: 피아노, 리코더

제10강 음악교육가의 사상과 교수법, 교수매체, 노래, 연주, 감상의 실제

차시	내용	세부내용	방법	준비물	과제	교재
10	음악교육가의 사상 교수법, 교수매체 노래/연주/감상 실제	DOKSG 신체와 악기로 표현하기	조별활동 발표	다양한 악기 관련 동화책 A4용지, 색연필 동영상 리코더	그림악보	2장 교육가 4장 지도법 5장 교수매체 6장

🎧 활동의 실제

출석 확인: 지난 두 주 동안 창작한 자신의 창작동요의 일부를 마음대로 리코더로 대답한다.

A. Prologue

김영하 예술가가 되자 지금 당장(네이버 Ted 동영상)

함수경 마음으로 추는 춤(네이버 Ted 동영상)

B. 노래 부르기

연령별 애창동요 목록

2세	3세	4세	5세
나처럼 해 봐요		큰북을 울려라	아기 다람쥐 또미
봄나들이		허수아비 아저씨	더 빠른 것 더 느린 것
요기여기		동네 한 바퀴	태극기
닮은 곳이 있대요	가을은		여우야 여우야
통통통통	나비야		건너가는 길
악어떼	두꺼비		
머리 어깨 무릎 발	그러면 안 돼		
개구리	곰 세 마리	가을 길	
당신은 누구십니까	밀림으로(신체표현)		
요기여기	달팽이집	고기잡이	아빠 힘내세요
	안녕		
	간다간다		
	동대문을 열어라		

음악적 난이도 특징		I	II
	음역	$c'-a'$	$a-e''$
비고	음정	폭이 좁음 연속적 도약이 드묾 2도 3도가 많음 온음계	6도 이내 반음계
	형식 및 길이	작은 세도막 12마디 이내 12마디 이상이지만 반복 구절이 있음	반복이 있거나 없이 16마디 이상
	리듬	단순 반복 리듬꼴 박자가 명확 2~3세 유아가 노래 부르며 숨쉬기 편한 리듬구조	셋잇단음표, 당김음 등 복잡한 리듬꼴이 반복됨. 그러나 자연스러운 진행
	가락	완만한 흐름 주로 순차 진행 반복적 가락	가락의 흐름이 굴곡이더라도 전체가 넓은 음정구조 도약 진행이라도 유아의 가창가능 음역대는 무방

출처: 임혜정(2004). 유아교육기관에서 선호하는 동요에 관한 조사 및 악곡분석 연구. 덕성여자대학교 대학원 박사학위논문.

감상하기

연령별 감상 추천곡 목록

2세 이하	3~4세	5세
뻐꾹 왈츠(요나손)	타이프라이터(앤더슨)	피터와 늑대(프로코피예프)
미뉴엣(보케리니)	강아지 왈츠(쇼팽)	왕벌의 비행(림스키코르사코프)
터키행진곡(베토벤)	볼레로(라벨)	휘파람 부는 사람과 개(프라이어)
장난감 교향곡(하이든)	빗방울 전주곡(쇼팽)	작은 별 변주곡(모차르트)
도레미송(로저스)	자장가(브람스)	우리나라 국악곡 일부
자장가(슈베르트)	우리나라 전래동요	민요
우리나라 전래동요	국악곡 일부	

현직교사가 선정한 낮잠시간에 활용하기를 선호하는 자장곡 목록 우선순위

(왼쪽 위에서 아래 우선, 다음 오른쪽으로)

1. 작곡가	곡명	2. 작곡가	곡명
모차르트	자장가	쇼팽	자장가
이루마	이루마 모음	슈베르트	아베마리아
이홍렬	섬집아기	모차르트	피아노 협주곡 23번 2악장 잠자는 아기 볼프강 어떤 우울한 날의 모차르트
	우리나라 전래 자장가	드뷔시	달빛
브람스	자장가	엘가	사랑의 인사
파헬벨	캐논 변주곡	바다르체프스카	소녀의 기도
슈베르트	자장가	바흐	G선상의 아리아
모차르트	작은 별 변주곡	베토벤	엘리제를 위하여
비발디	사계	보케리니	미뉴엣
리스트	사랑의 꿈 3번	비제	미뉴엣
쇼팽	자장가		
슈베르트	아베마리아		

출처: 김호경(2013). 어린이집 낮잠시간에 활용되는 자장곡 연주. 신라대학교 교육대학원 석사학위논문.

C. Epilogue 악기연주하기

음악교육가 교재 스즈키, 달크로즈 CD 듣기

▦ 관련 이론(교재 제2장, 4장, 5장, 8장 참고)

루소: 숫자악보의 창시자

페스탈로치: 음악교육의 아버지

몬테소리: 음악교육

가드너: 음악지능

달크로즈: 유리드믹스, 리듬중심, 청음, 계명창, 변주

오르프: 슐베르크, 리듬중심, 청음, 계명창, 변주

코다이: 음정중심, 청음, 계명창, 변주

스즈키: 청음, 명곡을 쉽게 편곡한 교재, 전문지도강사, 언어로서의 음악

고든: 음악적성, 오디에이션, 음악문법

듀이: 경험으로서의 음악

제11강 영유아를 위한 음악수업계획안 작성하기

차시	내용	세부내용	방법	준비물	과제	교재
11	음악중심 영유아음악수업	수업계획안 작성하기	강의 개별활동	리코더	수업계획안 구성요소	6장

활동의 실제

출석 확인: 창작한 자신의 창작동요 전체 중 반 정도의 길이를 리코더로 대답한다.

A. Prologue 리코더 합주

♫ 추천곡(music excerpt) 나처럼 해 봐요, 나비야, 그러면 안 돼

B. 음악중심 수업계획안의 예 살펴보기

생활 주제	나와 가족	소주제	나의 몸과 마음	활동명	리듬 악기와 친구해요
음악적 표현방법	가창 악기합주	음악적 개념	리듬	활동곡	우리 모두 다같이 (외국 곡)
활동 목표	• 다양한 리듬악기의 명칭을 알고 연주법을 익힌다. • 리듬악기의 소리를 탐색하고 연주하기를 즐긴다.				
2019 개정 누리과정 관련요소	〈신체운동 · 건강〉 신체활동 즐기기−기초적인 이동운동, 제자리 운동, 도구를 이용한 운동을 한다. 〈예술경험〉 창의적으로 표현하기−신체, 사물, 악기로 간단한 소리와 리듬을 만들어 본다.				
창의 · 인성 관련	창의성: 인지적 요소−사고의 확장 인성: 협력−개인적 책임감				
활동 자료	리듬악기(탬버린, 캐스터네츠/각 유아당 1개), 시청각 자료(리듬악기), 악보, 피아노				

활동 방법	활동 내용 및 방법	교수자료 및 지도상 유의점
도입	1. 다같이 「우리 모두 다같이」 노래를 불러 본다. －「우리 모두 다같이」를 불러 본다. －「우리 모두 다같이」를 부르며 신체표현을 해 본다.	－ 노래 부르기가 충분히 이루어질 수 있도록 지도한다.
전개	1. 리듬악기의 명칭을 알고 연주법을 익힌다. － 탬버린을 소개하고 연주법을 알려 준다. － 캐스터네츠를 소개하고 연주법을 알려 준다. 2. 리듬악기 이름을 넣어 개사한 노래를 들으며 리듬악기를 연주해 본다. － 탬버린을 탐색하고 리듬을 연주해 본다. － 노래를 들으며 탬버린을 연주해 본다. － 캐스터네츠를 탐색하고 리듬을 연주해 본다. － 노래를 들으며 캐스터네츠를 연주해 본다. 3. 자신이 연주하고 싶은 리듬악기를 선택해 노래를 들으며 연주해 본다.	－ 즐거운 리듬악기 연주가 될 수 있도록 연주법을 충분히 설명하고 교사도 같이 참여한다. 〈탬버린〉 〈캐스터네츠〉 • 노랫말 우리 모두 다같이 우리 모두 다같이 탬버린(찰찰) 우리 모두 다같이 탬버린(찰찰) 우리 모두 다같이 즐거웁게 연주해 우리 모두 다같이 탬버린(찰찰) 우리 모두 다같이 짝짝이(짝짝) 우리 모두 다같이 짝짝이(짝짝) 우리 모두 다같이 즐거웁게 연주해 우리 모두 다같이 짝짝이(짝짝)
마무리	1. 리듬악기를 연주해 본 느낌에 대해 이야기를 나누어 본다. 2. 다음 활동 '「아기돼지 삼형제」를 노래해요'를 예고한다.	
활동 평가	• 리듬악기의 명칭을 알고 연주법에 관심을 가지는지 관찰을 통해 평가한다. • 리듬악기의 소리를 탐색하고 연주하기를 즐기는지 관찰과 활동을 통해 평가한다.	
확장 활동	• 대 · 소그룹의 리듬합주를 할 수 있다.	

출처: 김영연 외(2019). 美체험 예술교육프로그램. 신라대학교 유아교육과(미간행물).

우리 모두 다같이

외국 곡

음악중심 수업계획 세안 완성해 보기(윗부분을 참고로 빈칸 TC는 학습자가 채워 보도록 하자.)

생활 주제	나와 가족	소주제	나의 몸과 마음	활동명	리듬 악기와 친구해요
음악적 표현방법	가창 악기합주	음악적 개념	리듬	활동곡	우리 모두 다같이 (외국 곡)
활동 목표	• 다양한 리듬악기의 명칭을 알고 연주법을 익힌다. • 리듬악기의 소리를 탐색하고 연주하기를 즐긴다.				
2019 개정 누리과정 관련요소	〈신체운동·건강〉 신체활동 즐기기-기초적인 이동운동, 제자리 운동, 도구를 이용한 운동을 한다. 〈예술경험〉 창의적으로 표현하기-신체, 사물, 악기로 간단한 소리와 리듬을 만들어 본다.				
창의·인성 관련	창의성: 인지적 요소-사고의 확장 인성: 협력-개인적 책임감				
활동 자료	리듬악기(탬버린, 캐스터네츠/각 유아당 1개), 시청각 자료(리듬악기), 악보, 피아노				

활동 방법	활동 내용 및 방법	교수자료 및 지도상 유의점
사전활동	예술경험영역: 창의적으로 표현하기–노래를 즐겨 부른다.	노래 부르기 활동이 원활하게 진행될 수 있도록 자유선택영역에 그림악보, 악기 등을 비치함으로써 음악환경을 구성하고 유아와 교사 간 상호작용을 도모한다.
	자유선택활동 시간에 「우리 모두 다같이」 노래의 음원을 틀어 놓는다.	
도입	1. 다같이 「우리 모두 다같이」 노래를 불러 본다. T: C: T: C: T: C: –「우리 모두 다같이」를 불러 본다. –「우리 모두 다같이」를 부르며 신체표현을 해 본다.	– 노래 부르기가 충분히 이루어질 수 있도록 지도한다.
전개	1. 리듬악기의 명칭을 알고 연주법을 익힌다. T: C: T: C: T: C –탬버린을 소개하고 연주법을 알려 준다. –캐스터네츠를 소개하고 연주법을 알려 준다. 2. 리듬악기 이름을 넣어 개사한 노래를 들으며 리듬악기를 연주해 본다. T: C: T: C: T: C –탬버린을 탐색하고 리듬을 연주해 본다. –노래를 들으며 탬버린을 연주해 본다. –캐스터네츠를 탐색하고 리듬을 연주해 본다. –노래를 들으며 캐스터네츠를 연주해 본다. 3. 자신이 연주하고 싶은 리듬악기를 선택해 노래를 들으며 연주해 본다.	– 즐거운 리듬악기 연주가 될 수 있도록 연주법을 충분히 설명하고 교사도 같이 참여한다. 〈탬버린〉 〈캐스터네츠〉 • 노랫말 우리 모두 다같이 우리 모두 다같이 탬버린(찰찰) 우리 모두 다같이 탬버린(찰찰) 우리 모두 다같이 즐거웁게 연주해 우리 모두 다같이 탬버린(찰찰) 우리 모두 다같이 짝짝이(짝짝) 우리 모두 다같이 짝짝이(짝짝) 우리 모두 다같이 즐거웁게 연주해 우리 모두 다같이 짝짝이(짝짝)

마무리	1. 리듬악기를 연주해 본 느낌에 대해 이야기를 나누어 본다. T: C: T: C: 2. 다음 활동 「'아기돼지 삼형제」를 노래해요'를 예고한다. T: C: T: C: T: C:	
활동 평가	• 리듬악기의 명칭을 알고 연주법에 관심을 가지는지 관찰을 통해 평가한다. • 리듬악기의 소리를 탐색하고 연주하기를 즐기는지 관찰과 활동을 통해 평가한다.	
확장 활동	• 대 · 소그룹의 리듬합주를 할 수 있다.	

C. Epilogue 유아음악수업계획서 작성 시 고려해야 할 요소 생각해 보기

생활주제, 주제, 활동명, 활동목표, 음악적 개념, 교육과정 관련요소, 활동유형 및 영역, 집단 크기와 대상연령, 통합의 범주(음악+동작, 음악+문학 등), 활동시간의 적절성, 준비물의 적합성, 내용과 방법의 연계성, 수업방법(도입, 전개, 마무리, 평가, 확장)의 적절성, 상호작용의 수준, 예상되는 유아의 반응, 유아의 흥미유발 방법, 교사의 언어 구사, 용어 사용, 말의 속도와 억양, 교사의 위치, 복장 등

🎛 관련 이론(교재 제8장 참고)

음악수업계획의 요령 및 유의점

음악적 개념이나 요소가 수업에 녹아 있는지를 확인

2019 개정 누리과정과 표준보육과정의 생활주제를 따르고 있는지 확인

음악 안에서의 통합이 적절히 이루어지고 있는지 그러나 강조되는 음악활동이 있는지 확인

 **제12강 음악극 1**

차시	내용	세부내용	방법	준비물	과제	교재
12	음악극	음악극 준비하기	강의 조별토론 창작, 제작	동화 각색 동화 창작 리코더		6장

🎧 활동의 실제

출석 확인: 창작한 자신의 창작동요의 일부를 마음대로 변주하여 리코더로 대답한다.

A. Prologue 리코더 합주–동요

♫ 추천곡(music excerpt) 어디까지 왔니(전래동요), 오 샹제리제(프랑스 민요)

B. 음악극 공연을 위한 여러 가지 사전준비 활동

대본 각색/창작, 역할분담, 음악곡 선정 및 음향 준비, 소품 제작, 연습, 리허설, 공연

음악극이 가능한 동화 목록

작가	동화명	출판사
알렉세이 톨스토이	커다란 순무	시공주니어
베르너 홀츠바르트	누가 내 머리에 똥 쌌어?	사계절
곽영권 그림, 김동원 글	사물놀이 이야기	사계절
최신양	김치는 싫어요	보림
유애로 그림, 유애로 글	반짝반짝 반디각시	보림

동화책을 활용한 음악극 준비하기 예시 작품명 『누가 내 머리에 똥 쌌어?』

생활 주제	환경과 생활	소주제	소리와 우리 생활	활동명	누구의 똥인가?
음악적 표현방법	음악극	음악적 개념	음색	활동곡	

활동 목표	• 음악동화에 대해 관심을 가진다. • 음악극에 대해 관심과 흥미를 가지고 음악극 활동을 경험해 본다.	
누리과정 관련요소	• 〈의사소통〉: 듣기와 말하기-말이나 이야기를 관심 있게 듣는다. • 〈예술경험〉: 아름다움 찾아보기-예술적 요소에 관심을 갖고 찾아본다.	
창의 · 인성 관련	창의성: 동기적 요소-호기심/흥미 인성: 배려-동식물에 대한 배려	
활동 자료	• 동물가면, 동물그림카드, CD 카세트, 노래CD	
활동 방법	활동내용 및 방법	교수자료 및 지도상의 유의점
사전 활동	【〈의사소통〉: 듣기-동요, 동시, 동화 듣고 이해하기- 동요, 동시, 동화를 다양한 방법으로 듣고 즐긴다. 】 • 자유선택활동에서 동물의 그림카드와 모형, 악기의 그림카드를 제공해 준다.	-독서영역에서 『누가 내 머리에 똥 쌌 어?』의 그림동화책을 볼 수 있도록 하 며 오전 자유선택활동시간에 교사는 유아와 상호작용한다.
도입	융판 동화로 『누가 내 머리에 똥 쌌어?』를 들려준다. -간단한 손유희로 관심을 집중시킨다. -동화의 내용을 정리하여 간단히 소개한다.	-동물의 가면을 소개하고 음악극 전반 의 배경에 대해 충분히 설명한다.
전개	1. 『누가 내 머리에 똥 쌌어?』의 등장인물을 소개하고 동물가면을 나누어 준다. -두더지, 비둘기, 말, 염소, 토끼, 소, 돼지, 파리, 개는 어떻게 생겼을까요? 그림카드를 보여 주며 이야기 나누기를 한다. -음악극의 활동배경을 충분히 설명하고 숙지시킨다. -음악극의 대본을 반복해서 읽어 주고 각자의 역할을 정해 준다. -각자의 맡은 역할에 따른 대본 읽기 연습을 충분히 한다. 2. 음악극의 장면을 설정해 주고 활동을 시킨다. -각 부분적으로 연습을 시켜 활동해 보도록 한다. -익숙해질 수 있도록 충분히 연습한다.	• 유의점 -음악극에 대해 관심을 가질 수 있도록 하며 내용 전달이 잘 될 수 있게 정확 한 발음을 사용한다. -등장인물에 따른 역할을 배정하여 충 분한 연습을 한다. -유아의 활동에 있어 교사가 충분히 수 용하는 태도를 보인다.
마무리	1. 음악극 전반의 활동을 해 보고 느낌을 이야기 나눈다. 2. 다음 활동을 예고한다.	
활동 평가	• 음악극에 관심을 가졌는지 관찰을 통해 평가한다. • 다양한 동물의 역할에 대해 관심을 가졌는지 관찰 을 통해 평가한다.	

| 확장 활동 | • 동물소리와 악기 소리를 비교, 탐색하는 놀이를 할 수 있다. | |

◇ 「누가 내 머리에 똥 쌌어?」 – 동화 줄거리

땅 속에서 밖으로 나온 두더지가 자기 머리 위에 알 수 없는 동물 친구가 똥을 싸고 갔다는 사실을 알아차린다. 자기 똥이 아니라는 점을 확신한 두더지는 그 똥이 누구 것인지 알아내기 위해 직접 찾아 나서기로 한다. 처음에는 새를 만나 자기 머리에 똥을 쌌느냐고 묻지만 새는 아니라면서 자기 똥을 싸서 보여 준다. 그렇게 말, 토끼, 염소, 소, 돼지를 만나 똑같이 묻지만 하나같이 자기 것이 아니라고 한다. 그리고 마침내 파리들의 도움으로 이 똥이 누구 것인지 알게 되는데 바로 정육점 개 '뚱뚱이 한스'였다. 두더지는 한스의 머리 위에 똥을 싸서 복수하고, 만족한 기분으로 다시 땅 속으로 돌아간다.

◇ 「누가 내 머리에 똥 쌌어?」 – 음악극 대본

등장인물: 해설, 두더지, 비둘기, 말, 염소, 토끼, 소, 돼지, 파리, 개

해설: 땅 속에 있던 두더지가 하루는 해가 떴나 안 떴나 보려고 땅 위로 고개를 쑥 내밀었어요. 그러자 아주 이상한 일이 일어났답니다. 뭉글뭉글한 길고 갈색을 띤 어떤 것이 갑자기 두더지 머리에 철퍼덕하고 떨어졌어요.

두더지: (소리치면서) 에그, 이게 뭐야! 누가 내 머리에 똥 쌌어?
해설: 그러나 눈이 나쁜 두더지는 아무도 찾을 수가 없었어요.
두더지: (날아가는 비둘기를 보면서) 네가 내 머리에 똥 쌌지?
비둘기: 나? 아니야. 내가 왜?
　　　　내 똥은 이렇게 생겼는걸.
해설: 하얀 물똥이 작은 두더지의 발 앞에 철썩 떨어졌어요. 두더지의 오른쪽 다리가 하얗게 얼룩졌어요.

두더지: 네가 내 머리에 똥 쌌지? (밭에서 풀을 뜯고 있는 말을 보면서)
말: 나? 아니야. 내가 왜?
　　내 똥은 이렇게 생겼는걸.
해설: 그러자 쿠당탕 소리를 내며 다섯 개의 크고 굵은 말똥이 작은 두더지 앞으로 떨어졌어요. 마치 까만 탁구공처럼요.

두더지: 네가 내 머리에 똥 쌌지? (토끼를 보면서)

토끼: 나? 아니야. 내가 왜?

　　　내 똥은 이렇게 생겼는걸.

해설: 그러자 다다타타타 하고 토끼똥이 마치 까만 콩처럼 두더지 주위로 쏟아졌어요.

두더지: 아이쿠! (잽싸게 피하면서)

두더지: 네가 내 머리에 똥 쌌지? 하고 염소에게 물었어요.

염소: 나? 아니야. 내가 왜?

　　　내 똥은 이렇게 생겼는걸.

해설: 그러자 까만 새알 초콜릿 같은 똥이 잔디 위로 떨어졌어요.

두더지: 네가 내 머리에 똥 쌌지? (방금 되새김질을 끝낸 소에게)

소: 나? 아니야. 내가 왜? 내 똥은 이렇게 생겼는걸.

해설: 그러자 쫘르륵 하며 누렇고 커다란 쇠똥 무더기가 두더지 바로 옆 잔디로 쏟아졌어요. 두더지는 자기
　　　머리에 똥은 싼 녀석이 커다란 소가 아니라는 걸 알고 무척 기뻐했어요.

두더지: 네가 내 머리에 똥 쌌지? (돼지를 보면서)

돼지: 나? 아니야. 내가 왜?

　　　내 똥은 이렇게 생겼는걸. (묽은 똥 무덤이 뿌지직하고 풀밭에 떨어졌어요.)

두더지: 너희들이 내 머리에 똥 쌌지? (파리에게 가까이 다가가면서)

파리: (무언가를 핥아먹는다.)

두더지: 마음속으로 드디어 나를 도와줄 수 있는 친구를 만나게 되었구나. 생각하고.

두더지: 얘들아, 누가 내 머리에 똥을 쌌을까? (파리를 보면서)

파리: 재촉하지 말고 가만히 있어 봐. (파리는 두더지의 머리 위에 있는 똥을 냄새 맡는다. 잠시 후) 아, 이
　　　건 바로 개가 한 짓이야!

해설: 드디어 작은 두더지는 누가 자기 머리에 똥을 쌌는지 알게 되었어요.
　　　뚱뚱이 한스! 바로 정육점 집 개였어요.

두더지는 뚱뚱이 한스의 집 위로 재빨리 기어 올라갔어요.

잠시 후 작고 까만 곶감 씨같은 것이 뚱뚱이 한스의 널따란 이마 위로 슝하고 떨어졌어요.

두더지는 기분 좋게 웃으며 그대로 땅 속으로 사라졌대요.

이야기를 꾸밀 수 있는 음악

작곡가	모음곡명	곡명
생상스	동물의 사육제	수족관
비발디	사계	여름, 겨울
차이콥스키	호두까기 인형	백조의 호수, 사탕춤
림스키코르사코프	술탄 황제의 이야기	왕벌의 비행
그리그	페르퀸트 조곡	산속 마왕의 궁전에서
프로코피예프	피터와 늑대	

C. Epilogue

음악극 공연을 위한 준비과정을 즐긴다.

▦ **관련 이론(교재 제6장 참고)**

제13강 음악극 2

차시	내용	세부내용	방법	준비물	과제	교재
13	음악극	음악극 공연	공연	리코더	서양음악회 관람 보고서 제출	6장

🎧 활동의 실제

출석 확인: 리코더로 이번 강의에 대하여 생각나는 바를 자유롭게 표현해 보기

A. Prologue 리코더 합주-동요

B. 음악극 공연시의 유의점

시간 조절, 리허설

적절한 조명 활용, 시작과 끝 알리기, 극의 내용에 따라 조도 조절하기

음원의 다양성 고려하기, 음악의 명료성, 전달성, 재사용 가능성, 녹음음악, 생음악 등

소품 제작, 상징성, 소재의 안정성, 재료비의 합리성

공연 예절, 공연자의 예절, 청중의 예절, 시작과 끝 인사, 커튼콜 등

C. Epilogue

촬영 등 기록물 남기기

關 관련 이론(교재 제6장 참고)

제14강 영유아를 위한 모의음악수업 시연

차시	내용	세부내용	방법	준비물	과제	교재
14	모의음악수업	시연 동료평가	조별시연 개별평가	리코더		6장 7장 교사교육 8장

🎧 활동의 실제

출석 확인: 리코더로 이번 강의에 대하여 생각나는 바를 반복, 대조, 대비, 대칭 등 미의 기본 원리를 포함하여 자유롭게 표현해 보기

A. Prologue 조별 모의수업 체크리스트

수업안 구성을 위한 준비 체크: 조원이 협력하여 충분히 반복 토의하였는가, 역할분담의 형평성, 책임감이 반영되었는가 반드시 확인한다. 이어서 다음 사항을 검토 후 시연한다.

수업(가)안의 외형이 잘 짜였는가?

수업(수정)안이 잘 도출되었는가? 이것으로 시연 리허설은 했는가?

시연 리허설의 결과를 반영하여 최종 수업안이 도출되었는가?

최종 수업안에 대한 조원의 자체평가가 모의시연 전에 시행되었는가?

B. 조별 수업 시연 및 조별 수업에 대한 개인의 평가

개인정보	학번 _____ 이름 _____ 평가의 초점-해당내용의 유무, 잘한 점/부족한 점, 조언 등			
평가항목	관찰대상 조번호			비고
연결 가능 생활주제?				
짐작되는 주제?				
활동명 붙여 보기				
짐작되는 활동목표				
강조하는 음악적 개념				
교육과정 관련요소				
활동유형(영역)				
집단크기/연령				
통합의 범위 (음악+동작/음악+문학 등)				
활동시간의 적절성				
준비물의 적합성				
수업내용의 적합성				
내용과 방법의 연계성				
도입의 적절성				
전개의 적절성				
마무리의 적절성				
평가의 적절성				
확장활동의 적절성				
상호작용의 수준				
유아 역할의 적절성				
유아의 흥미 유발 방법의 적합성				
교사의 언어 구사, 용어 사용, 빠르기 등				
교사의 자세, 복장 등				
기타				

C. Epilogue

만약 6인 6조로 구성된 강의라고 가정할 때 각조에 1부터 6까지의 조번호를 부여한다.

조별로 17분 시연, 3분 평가의 시간 배정을 한다.

6개의 조별 시연 중 학습자는 위에 제시한 체크리스트를 보면서 자유로이 3개 조를 선정하여 3개 조 모의수업에 대한 개별 평가를 한다. 모든 조의 시연이 끝나면 개별평가지에 기초하여 학습자 모두는 다른 조의 시연을 통하여 발견한 다른 조 시연의 장점, 개선할 점, 기타사항에 대하여 충분히 이야기 나눈 후 해당 조의 자기평가를 듣도록 한다. 이 과정이 끝나면 교수자는 전체 총평을 함으로써 수업과 한 학기 전체를 마무리한다.

▒▒ 관련 이론(교재 6, 7, 8장 참고)

제15강 기말고사

차시	내용	세부내용	방법	준비물	과제	교재
15	기말고사					

기말고사 대비용 예상문제 풀어 보기

1. 영유아를 대상으로 음악수업을 하려고 한다. 수업계획안에 포함되어야 할 사항을 모두 나열해 보시오.

2. 기독교 교육을 강조하고 효과적인 가창지도법(예: 쉬운 것에서 어려운 것 등)으로 계명창법을 활용하기를 강조한 교육학자는?

3. 숫자악보를 개량하여 이것의 사용을 강조한 교육학자는?

4. 음악교육의 대부(代父)라 불리는 스위스의 교육학자는?

5. 경험으로서의 예술교육을 강조한 교육학자는?

6. 브루너가 제시하는 단계적 교육과정에 기초하여 만들어진 미국 저소득층 자녀를 위한 음악교육과정을 사용한 미국의 음악교육 프로그램은?

7. 영유아에게 적합한 동요를 선정할 때 기준이 될 만한 음악적 특성에는 어떤 것들이 있는가?

8. 백화점에서 쇼핑할 때 틀어 주는 음악을 무엇이라고 부르나?
   ① music   ② Music   ③ muzak   ④ musici

9. 달크로즈와 코다이의 음악교육방법의 공통점과 차이점을 자세히 설명하라.

10. 스즈키 메소드에 대하여 상세히 설명하라.

〈답〉

1. 생활주제, 소주제, 활동명, 음악적 표현방법, 음악적 개념, 활동곡, 활동목표, 누리과정 관련요소, 창의-인성 관련요소, 활동자료, 활동방법, 활동평가, 확장활동 등

2. 코메니우스

3. 루소

4. 페스탈로치

5. 존 듀이

6. MMCP

7. 리듬꼴, 음역, 곡의 길이, 노랫말 등

8. ③

9. 공통점-청음, 계명창, 변주의 중시

  차이점-달크로즈는 리듬을 우선시, 코다이는 음정을 우선시

10. 모국어적 기능으로서의 음악 중시, 청음 중시

  단순화된 명곡을 교재화, 단계적 학습법

  어머니와 함께 받는 레슨

8장 부록

영유아 음악수업을 열어 주는
리코더 연주와
연령별 활동을 위한 동요 모음

1. 음악활동 예시의 음악곡

봄비

김성균 작사·곡

유 리 창 에 예 쁜 은 구 슬　쪼 로 로 로 롱　　쪼 로 로 로 롱

떼굴 떼굴 굴 러　어 디 로 갈 까　예 쁜 은 구 슬

떼 굴 떼 굴 떼 굴　쪼 로 롱　떼굴 떼굴 떼굴　쪼 로 로 로 롱

올챙이와 개구리

윤현진 작사·곡

개 울 가 - 에　올챙이 한 마 리　꼬 물 꼬 물 헤 엄 치 다

뒷 다 리 가 쑥　앞 다 리 가 쑥　팔 딱 팔 딱 개 구 리 됐 네

꼬 물 꼬 물　꼬 물 꼬 물　꼬 물 꼬 물 올 챙 이 가

뒷 다 리 가 쑥　앞 다 리 가 쑥　팔 딱 팔 딱 개 구 리 됐 네

엄마 돼지 아기 돼지

박홍근 작사
김규환 작곡

우리 모두 다같이

외국 곡

숲속의 합창

김성균 작사·곡

산새들이 말하 기 를 봄이 왔대요
벌 – 들이 말하 기 를 봄이 왔대요

새싹들이 말하 기 를 봄이 왔대요
벌 – 들이 말하 기 를 봄이 왔대요

시 냇물이 말하 기 를 봄이 왔대요
꽃 – 들이 말하 기 를 봄이 왔대요

짹짹짹짹짹짹 뽀드득뽀드득뽀드득 졸졸졸졸졸졸 졸
윙 – 윙 – 윙 – 반 – 짝반 – 짝반 – 짝 빨강파랑노 – 랑

개구리

김성균 요·곡

엄 마 개 구 리 가　　노래 부른다　　꽥 꽥　꽥 꽥 꽥 꽥 꽥　꽥 꽥 꽥 꽥 꽥
아 기 개 구 리 가　　노래 부른다　　깩 깩　깩 깩 깩 깩 깩　깩 깩 깩 깩 깩
아 빠 개 구 리 가　　노래 부른다　　골 골　골 골 골 골 골　골 골 골 골 골

이 야 이 야 요　　　이 야 이 야 요　　　이 야 이 야 이 야 이 야　이 야 이 야 요

봄님

김성균 요·곡

봄 님 이 오 시 는 걸 어 떻 게　　알　수 있 었 나　요?

길 － 가 에 꽃 들 이 어 여 쁘 게 피 어 나　봄 님 이 오 시 는 걸 알 았 어 요
따 － 뜻 한 바 람 이 산 들 산 들 불 어 와　봄 님 이 오 시 는 걸 알 았 어 요
보 슬 보 슬 봄 비 가 보 슬 보 슬 내 리 니　봄 님 이 오 시 는 걸 알 았 어 요

작은 동물원

김성균 요·곡

2. 연령별 음악활동곡

2-1. 2세아를 위한 음악활동곡

닮은 곳이 있대요

김성균 글·곡

엄마하고 나 하고 닮은곳이 있대요 엄마하고 나 하고 닮은곳이 있대요
아빠하고 나 하고 닮은곳이 있대요 아빠하고 나 하고 닮은곳이 있대요

눈 땡 코 땡 입 딩동 댕
사 랑 코 사 랑 볼 사 랑안 에

통통통통

작사·작곡 미상

통 통 통 통 털보영감 님 통 통 통 통 혹부리영 감 님
도 도 도 도 무릎입니 다 레 레 레 레 배꼽입 니 다

통 통 통 통 코주부영 감 님 통 통 통 통 안 경영 감 님
미 미 미 미 가슴입니 다 파 파 파 파 어 깨랍 니 다

통 통 통 통 손을위 - 로 팔랑팔랑팔랑팔랑 손을무릎에
솔 솔 솔 솔 머 리랍 니 다 팔랑팔랑팔랑팔랑 손을무릎에

정글숲

이요섭 글·곡

정 글 숲 을 지 나 서 가 자   엉 금 엉 금 기 어 서 가 자

늪 지 대 가 나 타 나 면 은   악 어 떼 가 나 올 라 (악 어 떼)

요기 여기

김정순 작사
김숙경 작곡

눈 은 어 디 있 나 요 기   코 는 어 디 있 나 요 기
엄마 눈은 어 디 있 나 요 기   엄마 코는 어 디 있 나 요 기

귀 는 어 디 있 나 요 기   입 은 어 디 있 을 까 요 기
엄마 귀는 어 디 있 나 요 기   입 은 어 디 있 을 까 요 기

나처럼 해 봐라

미상 요
외국 곡

나 처 럼 해 봐라 요렇 게 - 나 처 럼 해 봐라 요렇 게 -

나 처 럼 해 봐라 요렇 게 - 아 이 참 재 미 있 다

봄나들이

윤석중 요
권태호 곡

나 리 나 리 개 나 리 입 에 따 다 물 고 요

병 아 리 떼 종 종 종 봄 나 들 이 갑 니 다

머리 어깨 무릎 발

작사 미상
외국 곡

머 리어깨무릎 발 무릎발   머 리어깨무릎 발 무릎발 – 무릎
머 리 어 깨 발 – 무릎발   머 리어깨무릎 귀 코 귀

당신은 누구십니까

당 신 은   누구십니 까   나 – 는
○ – ○ – ○   그 이 – 름   아 름 답 구 나

2-2. 3세아를 위한 음악활동곡

곰 세마리

미상 요
미상 곡

밀림으로

김성균 작사 · 곡

가을은

김성균 작사·곡

1.가 을 은 - 가 을 은   노 랑 색   은 행 잎 을 보 세   요
2.아 니 아 니 가 을 은   빨 강 색   단 풍 잎 을 보 세   요
3.아 니 아 니 가 을 은   파 랑 색   높 은 하 늘 보 세   요

그 래 그 래 가 을 은   노 랑 색   아 주 예 쁜 노 랑   색
그 래 그 래 가 을 은   빨 강 색   아 주 예 쁜 빨 강   색
그 러 면 - 가 을 은   무 슨 색   빨 강 파 랑 노 랑   색

달팽이 집

외국 곡

달 팽 이 집 을 집 시 다   예 쁘 게 집 시 다

점 점 크 게 점 점 작 게   점 점 크 게 점 점 작 게

달 팽 이 집 을 집 시 다   예 쁘 게 집 시 다

요기 여기

김정순 작사
김숙경 작곡

눈 은 어디있나 요 기　　　코 는 어디있나 요　　　기
엄마 눈은 어디있나 요 기　　　엄마 코는 어디있나 요　　　기

귀 는 어디있나 요 기　　　입은어디있 을 까 요기
엄마귀는 어디있나 요 기　　　입은어디있 을 까 요기

두꺼비

전래동요

두 껍 아 두 껍 아 헌 집 줄 게 새 집 다 오

두 껍 아 두 껍 아 물 길 어오너 라 너 희 집 지 어 줄 게

두 껍 아 두 껍 아 너 희 집에 불 났 다 솥 이랑 가 지 고 뿔 레뿔 레오 너 라

나비야

작사 미상
독일 민요

나 비 야 나 비 야 이 리 날 아 오 너 라

노 랑 나 비 흰 나 비 춤 을 추 며 오 너 라

봄 바 람 에 꽃 잎 도 방 긋 방 긋 웃 으 며

참 새 도 쨱 쨱 쨱 노 래 하 며 춤 춘 다

안녕

김성균 작사·곡

안 녕 안 녕 선 생 님 안 녕 안 녕 친 구 들

오 늘 다 시 만 나 반 갑 습 니 다 안 녕 안 녕 안 녕
내 일 다 시 만 나 재 밌 게 놀 자 안 녕 안 녕 안 녕

간다 간다

동대문 놀이

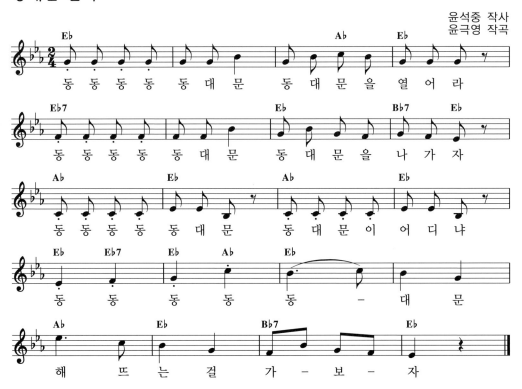

그러면 안 돼

김성균 작사 · 곡

아이스크림 맛이있어서 하나먹고둘먹고또먹었더니

뿌루루루룩 뿌루루루룩 뿌룩 뿌룩 배가아파요

어지러웠죠 골치아팠죠 병원에갔죠 주사맞았죠

그런데 내동생들이 하나먹고둘먹고또먹겠대요

그러면안돼 그러면안돼 떽 떽 떽

2-3. 4세아를 위한 음악활동곡

리듬 악기 노래

이계석 작사·곡

허수아비 아저씨

김규환 작사·곡

가을은

김성균 작사·곡

1.가 을 은 - 가 을 은 　 노 랑 색 　 은 행 잎 을 보 세 요
2.아 니 아 니 가 을 은 　 빨 강 색 　 단 풍 잎 을 보 세 요
3.아 니 아 니 가 을 은 　 파 랑 색 　 높 은 하 늘 보 세 요

그 래 그 래 가 을 은 　 노 랑 색 　 아 주 예 쁜 노 랑 색
그 래 그 래 가 을 은 　 빨 강 색 　 아 주 예 쁜 빨 강 색
그 러 면 - 가 을 은 　 무 슨 색 　 빨 강 파 랑 노 랑 색

가을 길

김규환 작사·곡

노 랗 게 노 랗 게 물 들 었 네 　 빨 갛 게 빨 갛 게 물 들 었 네

파 랗 게 파 랗 게 높 은 가 을 　 가 을 길 은 고 운 길

트 랄 랄 랄 라 　 트 랄 랄 랄 라 　 트 랄 랄 랄 랄 라

아 　 드 릴 릴 릴 리 　 드 랄 랄 라 트 랄 랄 랄 랄 라 1.노 래 부 르 며
2.소 리 맞 추 며

산 넘 어 물 건 너 가 는 - 길 　 가 을 길 은 비 단 길
숲 속 의 새 들 이 반 겨 주 는 　 가 을 길 은 우 리 길

동네 한 바퀴

윤석중 작사
프랑스 민요

고기잡이

윤극영 작사·곡

그러면 안 돼

김성균 작사·곡

아이스크 림 맛이있어서 하나 먹고둘 먹고 또 먹었 더니

뿌루루루룩 뿌루루루룩 뿌룩 뿌룩 배가아파요

어 지 러 웠죠 골 치 아 팠죠 병 원 에 갔죠 주 사 맞 았죠

그 런 데 내동 생 들이 하나 먹고둘 먹고 또 먹겠 대요

그 러 면안 돼 그 러 면안 돼 떽 떽 떽

2-4. 5세아를 위한 음악활동곡

아기 다람쥐 또미

한예찬 작사
조원경 작곡

쪼 로 로 롱 – 산 새 가　노 래 하 는 – 숲 속 에

예 쁜 아 기 – 다 람 쥐 가 –　살 고 　 – 있 었 어 요

울 창 한 숲 속　푸 른 나 무 위 에 서

아 기 다 람 쥐 또 미 – 가 살 고　있 었 어 요

야 호　랄 라 노 래 부 르 자　야 호　숲 속 의 아 침 을 –
(랄 랄 라)　　(랄 랄 라)　　(랄 랄 라)　　(랄 랄 라)

야 호　트 랄 라 귀 여 운　아 기 다 람 쥐 또 미

더 빠른 것 더 느린 것

김옥린 작사
김숙경 작곡

자전거보다 더 빠른것은 자동차 자동차 (짝짝짝)
로케트보다 더 느린것은 비행기 비행기 (짝짝짝)

자동차보다 더 빠른것은 비행기 비행기 (짝짝짝)
로케트보다 더 느린것은 자동차 자동차 (짝짝짝)

비행기보다 더 더 빠른것은 빠른것은로로 로로 케트
자동차보다 더 더 느린것은 느린것은자자 자자 전거

여우야 여우야

전래동요

한 고개 넘어 가니 여우가 없네 두 고개 넘어 가니 여우가 없네
세 고개 넘어 가니 여우가 없네 네 고개 넘어 가니 여우가 없네
다섯 고개 넘어 가니 여우가 없네 여섯 고개 넘어 가니 여우가 없네

(함께) (술래) (함께)
여우야 여우야 뭐하 - 니 잠잔 - 다 잠꾸러 - 기

(함께) (술래) (함께)
여우야 여우야 뭐하 - 니 세수한 - 다 멋쟁 - 이

(함께) (술래) (함께)
여우야 여우야 뭐하 - 니 밥먹는 - 다 무슨반 - 찬

(술래) (함께) (술래)
개구리반 - - 찬 죽었니 살았니 살았 다
또는(죽 었 다)

건너가는 길

김성균 작사·곡

건너가는길을 건널땐 빨간불 안 돼요 노란불 안 돼요
초록불이돼야 죠 신호등이없는 길에선
달려도 안 돼요 뛰어도 안 돼요 손을들고가야 죠

태극기

강소천 요
박태현 곡

보통 빠르게

태극기가 바람에 펄럭입니다
태극기가 힘차게 펄럭입니다
하늘높이 아름답게 펄럭입니다
마을마다 집집마다 펄럭입니다

아빠 힘내세요

권연순 작사
한수성 작곡

딩동댕 초인종 소리에- 얼른 문을- 열었더니 -그토록

기 다 리던 아빠가- 문 앞 에 -서계셨죠

너 무나 반가워 웃 으며- 아빠 하고- 불렀는 데 -어쩐지

오 늘 아빠의 얼 굴이- 우울 해 -보이네요

무 슨일 이 생겼나요- 무 슨 걱 정 있 나요-

마 음 대 로 안되는일 - 오 늘 -있었나 요

아 빠 힘내세 요 우리 가 -있잖아 요

아 빠 힘 내세 요 우리 가 있 어 요

힘 내 세 요 아 빠!

찾아보기

인명

내용

저자 소개

김영연(Young-Youn Kim)

이화여자대학교 학사 (B.A)
University of Washington 대학원 석사 (M.Ed)
University of Washington 대학원 박사 (Ph.D)

한국유아교육학회 (국제)편집위원장 역임
한국음악교육학회 편집위원장 역임
국제음악교육협회 아시아태평양 음악교육연구회(APSMER-ISME) 한국대표이사 역임
현) 한국음악교육학회 이사, 한국영유아음악교육학회 회장

이화여자대학교, 덕성여자대학교, 서울교육대학교, 서울대학교 등 강사 역임
부천대학교 교수 역임
현) 신라대학교 교수

저서
유아음악교육론(학지사, 1996), 개정판 유아음악교육론(학지사, 2002)
음악교육의 지평 I & II(도서출판 신정, 2005 & 2006)
Musical Childhoods of Asia & the Pacific(Information Age Publishing, Inc, 2012)
Handbook of Children's Musical Cultures(Oxford University Press, 2013) 외 다수

논문
한국영유아음악교육의 역사적 회고, **음악교육연구**, 2020
'몸으로 읽는 동화'를 통해 본 유아움직임교육의 예술교육적 의미, **한국무용교육학회지**, 2017
예술의 본질과 소통에 기반을 둔 유아음악교육에 대한 의미탐색, **음악교육공학**, 2017
예술교육을 통한 인성교육의 가능성 탐색, **예술교육연구**, 2016
Traditional Korean Children's Songs: Collection, analysis and application, *International Journal of Music Education*, 1999 외 다수

KOMCA 승인 필

영유아음악교육의 이해
Introduction to Early Childhood Music Education

2020년 3월 20일 1판 1쇄 인쇄
2020년 3월 30일 1판 1쇄 발행

지은이 • 김영연
펴낸이 • 김진환
펴낸곳 • ㈜ 학지사

04031 서울특별시 마포구 양화로 15길 20 마인드월드빌딩
대표전화 • 02-330-5114 팩스 • 02-324-2345
등록번호 • 제313-2006-000265호

홈페이지 • http://www.hakjisa.co.kr
페이스북 • https://www.facebook.com/hakjisa

ISBN 978-89-997-1902-8 93370

정가 19,000원

이 도서의 국립중앙도서관 출판시도서목록(CIP)은 서지정보유통지
원시스템 홈페이지(http://seoji.nl.go.kr)와 국가자료공동목록시스템
(http://www.nl.go.kr/kolisnet)에서 이용하실 수 있습니다.
(CIP 제어번호: CIP2020010463)

출판 · 교육 · 미디어기업 학지사

간호보건의학출판 학지사메디컬 www.hakjisamd.co.kr
심리검사연구소 인싸이트 www.inpsyt.co.kr
학술논문서비스 뉴논문 www.newnonmun.com
원격교육연수원 카운피아 www.counpia.com